Fraternidade ou a revolução do perdão

COLEÇÃO JUDAÍSMO E CRISTIANISMO

I. O Ciclo de Leituras da Torah na Sinagoga
   Pe. Fernando Gross

II. Jesus fala com Israel: uma leitura judaica de parábolas de Jesus
   Rabino Philippe Haddad

III. Convidados ao banquete nupcial: uma leitura de parábolas nos Evangelhos e na tradição judaica
   Pe. Dr. Donizete Luiz Ribeiro, nds

IV. Jubileu de ouro do Diálogo Católico-Judaico: primeiros frutos e novos desafios, 2ª EDIÇÃO
   Organizadores: Donizete Luiz Ribeiro, nds; Marivan Soares Ramos

V. Pai Nosso – Avinu Shebashamayim: uma leitura judaica da oração de Jesus
   Rabino Philippe Haddad

VI. As relações entre judeus e cristãos a partir do Evangelho de São João.
   Pe. Manoel Miranda, nds

VII. Introdução à leitura judaica da Escritura
   Irmã Anne Avril, nds e ir. Pierre Lenhardt, nds

VIII. A Unidade da Trindade: A escuta da tradição de Israel na Igreja.
   Ir. Pierre Lenhardt, nds

IX. Por trás das Escrituras. Uma introdução a exegese judaica e cristã
   Prof. Marivan Soares Ramos

X. Judaísmo simplesmente
   Irmã Dominique de La Maisonneuve, nds

XI. As Sagradas Escrituras explicadas através da genialidade de Rashi
   Ir. Elio Passeto, nds

XII. À Escuta de Israel, na Igreja. Tomo I
   Ir. Pierre Lenhardt, nds

XIII. A Trilogia Social: estrangeiro, órfão e viúva no Deuteronômio e sua recepção na Mishná
   Pe. Antônio Carlos Frizzo

XIV. À Escuta de Israel, na Igreja. Tomo II
   Ir. Pierre Lenhardt, nds

XV. Uma vida cristã à escuta de Israel
   Ir. Pierre Lenhardt, nds

XVI. O ciclo das festas bíblicas na Escritura e na Tradição judaico-cristãs.
   Pe. Manoel Miranda, nds e Marivan Ramos

XVII. Fraternidade ou a Revolução do Perdão
   Rabino Philippe Haddad

XVIII. Escritura e Tradição: Ensaios sobre o Midrash (no prelo)
   Renée Bloch

Philippe Haddad

Fraternidade ou a Revolução do Perdão

Histórias de fraternidade
Do Gênesis aos ensinamentos de Jesus

Estudo precedido de
Princípios da escrita das Escrituras

1ª edição
São Paulo – 2021

Edições Fons Sapientiae
um selo da Distribuidora Loyola

Direitos:	© Copyright 2020 – 1ª edição, 2020 – CCDEJ/FASI - Religiosos de N.S. de Sion
Título original:	*Fraternité ou la revolution du Pardon. Histoires de fraternité. De la Genèse aux enseignements de Jésus.* Canéjan, 2018.
ISBN:	978-65-86085-17-4
Fundador:	Jair Canizela (1941-2016)
Diretor Geral:	Vitor Tavares
Conselho Editorial e Consultivo:	Dr. Donizete Luiz Ribeiro Dr. Jarbas Vargas Nascimento, PUCSP Dr. Ruben Sternschein, CIP Me. Elio Passeto Me. Fernando Gross Me. Manoel Ferreira de Miranda Neto Me. Marivan Soares Ramos
Tradução:	Fernando Gross
Revisão:	Donizete Luiz Ribeiro e equipe do CCDEJ
Capa e diagramação:	Telma Custodio

Dados Internacionais de Catalogação na Publicação (CIP)
(Câmara Brasileira do Livro, SP, Brasil)

Haddad, Philippe
    Fraternidade ou a revolução do perdão : histórias de fraternidade do Gênesis aos ensinamentos de Jesus / Philippe Haddad. -- 1. ed. -- São Paulo : Edições Fons Sapientiae, 2021. -- (Coleção judaísmo e cristianismo)

    ISBN 978-65-86085-17-4

    1. Bíblia. A.T. Gênesis - Comentários 2. Bíblia judaica 3. Fraternidade - Doutrina bíblica 4. Jesus Cristo - Ensinamentos I. Título. II. Série.

21-75431   CDD-222.11066

Índices para catálogo sistemático:
  1. Fraternidade : Gênesis : Bíblia 222.11066

Cibele Maria Dias - Bibliotecária - CRB-8/9427

Acesse a loja virtual para adquirir os livros:
https://loja.sion.org.br | www.livrarialoyola.com.br

Edições Fons Sapientiae
é um selo da Distribuidora Loyola de Livros
Rua Lopes Coutinho, 74 – Belenzinho 03054-010 São Paulo – SP
T 55 11 3322 0100 | editorial@FonsSapientiae.com.br
www.FonsSapientiae.com.br

Todos os direitos reservados. Nenhuma parte desta obra pode ser reproduzida ou transmitida por qualquer forma ou quaisquer meios (eletrônico ou mecânico, incluindo fotocópias e gravação) ou arquivada em qualquer sistema ou banco de dados sem permissão escrita

Coleção
"Judaísmo e Cristianismo"

O Centro Cristão de Estudos Judaicos – CCDEJ (http://ccdej.org.br), dirigido pelos Religiosos de Nossa Senhora de Sion e mantido pelo Instituto Theodoro Ratisbonne, com a colaboração de associados cristãos e judeus, no espírito suscitado pela Declaração da Igreja Católica *Nostra Aetate* e suas ulteriores aplicações e desenvolvimentos, apresenta a coleção intitulada "Judaísmo e Cristianismo". O objetivo desta coleção, ao publicar textos originais e traduções, é cultivar o conhecimento mútuo entre judeus e cristãos. Queremos, com isso, valorizar o enraizamento judaico das Sagradas Escrituras e o diálogo entre judeus e cristãos a partir do "patrimônio espiritual comum". Que esta coleção possa produzir cada vez mais frutos. Nisto consiste a vocação e o carisma de Sion na Igreja à serviço do Povo de Deus.

Através desta Coleção "Judaísmo e Cristianismo", o CCDEJ, junto com a Distribuidora Loyola/Edições *Fons Sapientiae*, apresenta pouco a pouco o pensamento e ação de alguns autores que contribuem para a difusão da Tradição de Israel e da Igreja.

São João Paulo II confirmou o ensinamento dos Bispos da Alemanha quando afirmou que "quem se encontra com Jesus Cristo encontra-se com o Judaísmo"; e o mestre judeu Chalom Ben Horin dizia que "a fé de Jesus nos une e a fé em Jesus nos separa".

Que esta coleção "Judaísmo e Cristianismo", graças, sobretudo ao "e", possa de fato significar e transmitir o "patrimônio comum", pela mútua estima, escuta da Palavra viva e diálogo fraterno.

Pe. Dr. Donizete Luiz Ribeiro, NDS
(Diretor Acadêmico do CCDEJ)

Sr. Jair Canizela *(in Memoriam)*
(Diretor Geral da Distribuidora Loyola)

Sumário

PREFÁCIO - Professor Marivan Soares Ramos 9

INTRODUÇÃO 15

CAPÍTULO I
ABRIR A BÍBLIA 19
   1.1 Declínio da Fraternidade 19
   1.2 Princípios de Escrita das Escrituras 21
   1.3 Cenário das narrativas bíblicas de fraternidade 29

CAPÍTULO II
LER A TORÁ 33
   2.1 Caim e Abel 33
   2.2 Ismael e Isaac 56
   2.3 Jacó e Esaú 63
   2.5 Miriam, Aarão e Moisés 99

CAPÍTULO III
LER OS EVANGELHOS 115
   3.1 Intenção da Escritura 115
   3.2 Quem são meus irmãos? 118
   3.3 Amor de Deus, amor do próximo 124
   3.4 Em nome de Jesus ou em nome dos pais 128
   3.5 Parábola dos dois filhos amados 133
   3.6 Amai-vos como eu vos amei 136

CAPÍTULO IV
A REVOLUÇÃO DO PERDÃO 143
   Um pensamento para concluir 143

PUBLICAÇÃO 147

Prefácio

> Sonhemos como uma única humanidade, como caminhantes da mesma carne humana, como filhos dessa mesma terra que nos abriga a todos, cada qual com a riqueza de sua fé ou das suas convicções, cada qual com a própria voz, mas todos irmãos. (FRATELLI TUTTI, 2020, nº 08)

É com essa esperança, citada acima, que o Papa Francisco abre sua Carta Encíclica *Fratelli Tutti* (Todos irmãos), escrita em 03 de outubro de 2020. Sinalizando um intenso e profundo desejo de que a humanidade ligada pela mesma identidade, busque objetivos comuns de coexistência em meio a sua riqueza pluricultural.

A obra do Rabino Philippe Haddad, *Fraternidade ou a revolução do perdão*, foi finalizada em dezembro de 2017, mas encontra ecos significativos na Encíclica *Fratelli Tutti*. Isso se deve pelo fato de ambas as obras, de Francisco e Haddad, beberem da mesma fonte, os textos sagrados dos judeus e dos cristãos.

O autor desse livro é judeu. Atualmente exerce seu ministério na França. Destaca-se por seu envolvimento no diálogo inter-religioso na região parisiense e na Diocese de Essonne. Rabino Philippe Haddad já é, de certa forma, conhecido pelos leitores da Coleção Judaísmo e Cristianismo, projeto idealizado pelo Centro Cristão de Estudos Judaicos em parceria com a *Fons Sapientiae* no ano de 2015 e conta, até o presente momento, com 17 publicações. O rabino Haddad já tem duas obras que foram traduzidas, pois suas obras são escritas originalmente na língua francesa, e publicadas pela Coleção. São elas, *Jesus fala com Israel: Uma leitura judaica das parábolas de Jesus*, nº 03, e, אבינו – *Pai Nosso: Uma leitura judaica da oração de Jesus*, nº 05. *Fraternidade ou a revolução do perdão*, nº 17, é sua terceira publicação. As obras de Haddad se qualificam por sua vivacidade dinâmica. Elas são capazes de transitar entre as salas da academia e os salões comunitários, com a tranquilidade de quem conhece muito bem esses caminhos. Esta qualidade atribuo a quem sabe dialogar. Eis aí um outro importante pressuposto para suas obras. Destaca-se ainda por sua grande capacidade de se colocar à escuta, de modo atento, aos textos sagrados do povo judeu e buscar seus ecos nos evangelhos cristãos. Sua fé em momento algum o impede de reconhecer a crença do outro. Na verdade, sua crença o abre em direção a fé do outro, pois esse, o outro, não é seu inimigo, mas sim seu irmão e, portanto, merecedor de respeito.

Em seu livro *Fraternidade ou a revolução do perdão*, rabino Haddad nos surpreende, de forma peculiar, de como as relações bíblicas entre irmãos tornaram-se, algumas vezes, disputas vorazes de domínio e poder. Como, por exemplo, a história de Caim e Abel, Ismael e Isaac, Jacó e Esaú. Embora conheçamos muitas dessas histórias, avessas a fraternidade e aos propósitos de Deus, por incontáveis vezes não somos impactados por elas. Esse fato talvez seja pelo simples motivo de sempre esperarmos desfechos felizes e vitoriosos para as histórias bíblicas e, por isso, não nos atentamos para o desenrolar dos acontecimentos que nos são narrados em seus detalhes. Neste sentido, faz muito bem o autor quando nos apresenta alguns princípios para melhor entender as narrativas bíblicas. E, desse modo, confere ao ouvinte/leitor um certo nivelamento para a leitura dos textos bíblicos. Assim apresenta-nos, como por exemplo, o princípio de escrita das Escrituras, "cuja finalidade consiste em pensar a fé do ser humano diante de Deus" (HADDAD, 2021, p. 21). Princípio do valor do diálogo que para o redator do texto nada mais procura do que "indicar o diálogo entre Deus e o Homem, entre o Homem e o seu Próximo" (HADDAD, 2021, p. 22). Princípio das narrativas condensadas onde a preocupação do redator concentra-se em "uma palavra ou um grupo de palavras" (HADDAD, 2021, p. 23), pois sempre escondem algo a ser descoberto. Princípio das biografias incompletas onde o redator não se preocupa com o nascimento ou a morte dos personagens, mas antes concentra-se "sobre a etapa da vida do personagem necessária ao ensinamento religioso" (HADDAD, 2021, p. 23).

E assim o autor discorre até o nono princípio. Essa proposta didática, visa oferecer apoio para melhor entendimento dos textos bíblicos.

Diante de algumas narrativas bíblicas marcadas por rivalidades, disputas, enganos, ódios e mortes, parece-nos que a relação fraterna vive à margem de tudo isso. A impressão que nos passa, à primeira vista, onde cada personagem, Caim, Ló, Jacó, o filho pródigo da parábola de Jesus, preocupam-se meramente com suas próprias necessidades. Para alcançarem seus objetivos lançam mão de todo tipo de recursos escusos, mesmo quando esses sobrepujam a vida. Como não pensar no cenário atual que nos encontramos? Marcado por disputas intensas onde surgem, com forças destrutivas, as *fakes news*, ódios, preconceitos e posições extremas negacionistas que favorecem o ambiente de rivalidades gerando mortes.

Consoante ao apelo dessa obra de Haddad que busca, a partir dos textos bíblicos, exemplos de vidas marcadas pelo ensinamento de relações fraternas e, assim dissipando todo ódio e violência de nosso meio. Acolhemos alegremente a Campanha da Fraternidade Ecumênica de 2021 com o tema: "Fraternidade e diálogo: compromisso de amor", e com o lema: "Cristo é a nossa paz: do que era dividido, fez uma unidade". Infelizmente, a Campanha se deu em meio a muitos conflitos manifestados de diferentes formas. Entretanto, assim como nos aponta a leitura de Haddad e a CFE 2021, mesmo diante de relações conturbadas e desafiadoras é possível ainda indicar "caminhos para o diálogo e a construção de pontes de amor e paz em lugar de muros de ódio" (TEXTO BASE, 2020, p. 08). A CFE de 2021 estimula-nos a uma profunda reflexão acerca do momento por qual atravessamos. Torna-se urgente construirmos relações marcadas pela fraternidade. Ensinamentos sobre justiça e paz marcam o pontificado de Francisco. Devemos ser construtores da paz. A paz é um tema precioso para as religiões que devem se comprometer com o grande desafio de assegurar a vida, em suas relações fraternas, em todas as suas fases e formas. Ou como afirma o autor: "Não é possível haver uma religião sem fraternidade" (HADDAD, 2021, p. 127). Infelizmente encontramo-nos diante de uma das maiores crises humanitárias contrária a vida. Somente em nosso país mais de 530 mil vidas foram perdidas para a Covid-19, até o momento da escrita desse texto. Triste realidade! Mas somos vocacionados para o cuidado com a vida, pois somos seres viventes. O amor à vida é o que deve nos provocar a viver a experiência de irmãos em busca da paz. Dessa forma, nossas relações fraternas garantirão nossa união e não a separação. Neste sentido, felizmente, são muitas as vozes que nos despertam à experiência da fraternidade como superação de toda realidade diabólica. Essa experiência nos parece ser o modo seguro e eficaz de mantermos nossa morada comum como lugar de afeto, respeito e tolerância, contra toda espécie de divisão provocado através de discursos negacionistas inflamados de ódio.

Por tudo o que já foi dito a obra de Haddad torna-se uma leitura, eu diria, quase que obrigatória para os apaixonados pelas narrativas bíblicas. Que se sentirão envolvidos e representados pelas intrigantes histórias narradas. Histórias essencialmente humanas, como humanos são nossos desafios. Histórias dramáticas repletas de tensões e que causam, para os ouvintes/leitores, a angústia de acompanhar seu desenrolar, bem como seus desfechos. Narrativas marcadas pela surpreendente aproximação de Deus por sua criação. Estabelecendo novos modelos de vida, mesmo quando esses tornam-se incompreendidos. Quão espetacular nos é a leitura que rabino Philippe HADDAD propõe sobre os ensinamentos do Rabi de Nazaré, Jesus, "o filho de Maria" (Mc 6,3). Como o sábio de Nazaré encontrou-se mergulhado em seu tempo, a tal ponto de "armar sua tenda entre nós" (Jo 1,14). E de que forma o contexto sócio-histórico e religioso influenciaram suas palavras e ações. Jesus, definitivamente, viveu profundamente as alegrias e esperanças do seu tempo! (cf. Mt 11,25-30). Apaixonado por sua fé e capaz de, em nome dela, entregar sua própria vida (cf. Jo 10,18). A fé ensinava, ao rabi de Nazaré, que não existe mandamento maior do que entregar sua vida a Deus e ao próximo (cf. Mc 12,29-31). Este próximo, continua o ensinamento de Jesus de Nazaré, não é simplesmente alguém da minha família, ou dentro do meu círculo de amizade. O próximo deve ser aquele a quem minhas mãos alcançam, que meus olhos veem e meu coração sente (cf. Lc 10,33-34). Ainda que seja um estranho. Isso não importa. O que importa é que ele(a) precisa de mim e me provoca a solidariedade. Assevera Jesus!

Queremos aqui unir nossa voz com inúmeras outras vozes que suspiram por uma cultura do perdão e da paz. Acreditamos que venceremos o jogo, viraremos a página atual de nossa história, tristemente afetada por práticas de ódios e indiferenças, no momento em que as relações começarem por uma retomada de consciência iluminadas pela prática do perdão. Essa prática guarda em si a fragilidade de suas limitações, mas também carrega consigo a fortaleza e o desejo de um novo recomeço.

No amanhecer de nosso século XXI, onde os ódios, os conflitos e as barbáries continuam a gerar muitas situações de desespero, nós nos voltamos confiantes para o Senhor a fim de que Ele ilumine nossos dirigentes, sempre convencidos de que somente uma política do perdão nos fará progredir em direção a uma humanidade superior e altamente espiritual. (HADDAD, 2021, p. 145).

Professor Marivan Soares Ramos
São Paulo, julho de 2021.

Introdução

"Liberdade, igualdade, fraternidade". Em todas as fachadas da nossa bela França está essa declaração da Revolução Francesa. Esse tríptico encontra seu fundamento no 1° artigo da Declaração dos Direitos do Homem e do Cidadão de 1789. Mais tarde o 1° Artigo da Declaração Universal dos Direitos do Homem (1948) afirmará: "Todos os seres humanos nascem livres e iguais em dignidade e em direitos. Eles são dotados de razão e de consciência e devem agir uns para com os outros num espírito de fraternidade".

Esses três princípios éticos unem-se aos ideais dos Profetas de Israel: *Pessah* (Páscoa) expressa a liberdade, a partir da festa da libertação da escravidão do Egito; *Shavuot* (Pentecostes) a igualdade, quando todo o povo de Israel recebeu o Decálogo, sem distinção alguma; *Sucot* (Cabanas) convida à fraternidade comendo juntos à sombra de Deus.[1]

Fraternidade. Das três palavras, a terceira abre para a relação com o seu próximo. Pois pode-se reivindicar a liberdade para si mesmo e exigir um tratamento igual àquele de seu próximo diante da Lei, sem se preocupar verdadeiramente pelos outros; enquanto para o último termo nos obriga a passar da reivindicação do direito à irrupção do dever, do egoísmo para o altruísmo. Por essa virtude se expressa, sem dúvida alguma, a boa saúde moral de uma família, de um grupo, de uma comunidade, de uma nação.

Na França, a fraternidade encerra o tríptico: na Bíblia, ela inaugura a História. O mito romano nesse sentido se refere igualmente a Rômulo e Remo. Roma e Jerusalém partilham uma memória comum, apesar das duas visões de mundo que as separam. Lendo de forma contínua o livro de Gênesis (*Bereshit*), com seus 50 capítulos, nos damos conta o quan-

---
[1] Confira o livro de Philippe Haddad *Para explicar o judaísmo a meus amigos*.

to este está impregnado do tema da fraternidade; seja nas filigranas da narrativa, ou seja, constituindo o seu coração.

A Torá (*o Ensinamento*) propôs sua leitura no início da História, onde as relações humanas se constroem e se rompem segundo o ânimo das personagens, e tudo isso sob o olhar do Criador que diz a Si mesmo (Gn 6,6), e portanto a nós leitores, que chama Seus profetas, ou seja quem age concretamente como o ator da dramaturgia.

O livro de Gênesis se divide em duas partes distintas, ainda que contínuas. Na primeira parte, até o capítulo 11 inclusive, o texto trata do nascimento da Humanidade (Adão e Eva), dos primeiros nascimentos (Caim, Abel, ...) e das famílias da terra (os povos). Até ao capítulo 11, a Bíblia descreve a História universal, "o livro de Adão", sem Hebreus, nem Judeus (esse último termo ausente da Torá).

A partir do capítulo 12, nós lemos as narrativas dos Patriarcas e das Matriarcas, e até à instalação dos filhos de Jacó no Egito, antes do nascimento do povo de Israel. No meio dessa grande saga, a câmara bíblica propõe em "close up" sobre os heróis monoteístas, que confrontados com outros homens, querem tentar viver uma fraternidade autêntica.

José declara: "Eu procuro meus irmãos" (Gn 37,16).

Eu procuro meus irmãos!

Nosso universo liberal oferece outras questões: "eu procuro o dinheiro; eu procuro a glória; eu procuro o reconhecimento; o transhumanismo". Às vezes, a questão pesa gravemente: "eu procuro um emprego, eu procuro um teto". Às vezes, ela aparece espiritual: "Eu procuro minha fé, eu procuro a Deus".

Através deste estudo, alimentado pelas trocas frutuosas de nossos diferentes seminários, nós queremos propor uma síntese. Ela permitirá a todos os que seguiram os nossos encontros ou que descobriram esta temática de (re) mergulhar no texto bíblico, sem medo de estar desatualizado, pois a atualidade nos lembra, aqui e sempre, o quanto esta procura de fraternidade permanece o caminho que pode abrir um futuro civilizacional, pois ela leva à responsabilização do ser humano em todos os aspectos de sua existência (social, política, ecológica, etc.)

Que essa questão seja nossa verdadeira preocupação existencial, nosso verdadeiro motor de procura, nosso GPS, eis o porquê ela merece um trabalho (*avodá*), para fazer jorrar igualmente pensamentos positivos a fim de iluminar os lugares sombrios do mundo, que traduzem as obscuridades que recobrem nossas almas divinas.

CAPÍTULO I
Abrir a Bíblia

1.1 Declínio da Fraternidade

"Irmão", primeiro

O vocabulário hebraico se baseia sobre raízes e palavras, geralmente em três consoantes (triliterais), às vezes biliterais. Os estudantes biblistas conhecem esse trabalho minucioso e às vezes desanimador ("eu não encontro a palavra no dicionário") para descobrir essas três (ou duas) consoantes originais.

A palavra hebraica "irmão" nos oferece variações de sentido altamente significativas: "Irmão" se diz em hebraico A'H (אח), uma raiz biliteral, e "irmã" A'HOT (o sufixo "OT" aqui não se trata da forma plural do feminino, mas singular, o plural se diz *a'haiot*). Em hebraico, "irmão" e "irmã", se constroem a partir das mesmas consoantes *Aleph* – *'heth*, o que não acontece por exemplo em francês ("frère" e "soeur").

A'H possui um segundo significado, o de "lareira" da chaminé, um lugar de calor tanto quanto o de combustão. A partir dessas duas consoantes, uma terceira adicionada oferece um sentido novo. Apresentemos, primeiro essas palavras, antes de considerar uma lição para a *fraternidade*.

Segundo a cronologia alfabética, a primeira palavra significativa é:
- E'HAD = Um

Depois, encontramos:
- A'HO = Costurar, remendar, cerzir.
- A'HAZ = Segurar, apertar, que oferece A'HOUZ = uma percentagem, E'HEZ = um punhado (de grãos, por exemplo).
- I'HEL = Desejar

- A'HAR = Depois
- A'HER = Outro que oferece. A'HARON: último (o último "outro" que vem "após")
- A'HER = Dado, oferecido (em hebraico tardio) AHARAYIUT = Responsabilidade (Mishná, *Péa* 3,6)

Que relação pode existir entre todos esses termos da mesma raiz? Sem forçar a interpretação, nós responderemos assim. Biblicamente (e idealmente), a fraternidade deveria se viver como UNIDADE, UNIDADE da família primeiro, antes de esperar a Unidade dos povos em nome da Unidade de Deus. Essa unidade convida a COSTURAR a relação, antes que o descoser com seu irmão (o que ocorrerá somente no livro de Gênesis). A fraternidade propõe o calor de um bom fogo de LAREIRA, (sem queimar seu próximo), permitindo a partilha, a fim de que cada um TOME POSSE da sua parte da herança material ou do ensinamento dos pais: cada um segundo a sua PORCENTAGEM, portanto. Os irmãos abrem um DESEJO de futuro, de um ALÉM, numa vigilância face a face com o OUTRO, o que revela bem o princípio da RESPONSABILIDADE (título do livro de Hans Jonas).

Em toda relação humana, existe o EU e o OUTRO, sabendo que eu sou sempre o OUTRO de MIM.

"EU é um OUTRO" escreveu Rimbaud. Em hebraico, o OUTRO (A'HER) se identifica com IRMÃO (A'H) que não tem os mesmos pais que EU. Mas em nome do Pai Nosso que está nos Céus – que também é "Mãe nossa que está nos céus" segundo Gn 1,26 e Is 66,13 – todo outro é irmão e irmã.

Esse ensinamento se encontra confirmado pelo Talmud (TB *Sanhedrin 38a*): "Por que Adão foi primeiro criado único (enquanto os animais foram criados em espécies numerosas)?" Entre as respostas, vamos lembrar: "Para que homem algum possa declarar: meu pai é superior ao teu"; mas o Talmud acrescenta com uma ironia mordaz: "Apesar disso os homens brigam. Que teria acontecido então se vários homens tivessem sido criados ao mesmo tempo!".

Portanto, negação de qualquer espécie de racismo!

Nós somos IRMÃOS por Adão e Eva; e como a língua hebraica é sugestiva, temos que Adão começa pela letra Aleph e 'Hava (Eva) por 'Het, que associadas oferecem... A'H (IRMÃO).

Retornemos sobre a responsabilidade *A'HARAYUT*; uma palavra construída a partir de A'H (Irmão) e de *A'HAR* (Após), mas que também pode se relacionar a *A'HER, (AHAR e AHER* possuem as mesmas consoantes). A responsabilidade consiste, portanto, em pensar o OUTRO (meu IRMÃO), no APÓS. Pois, psicologicamente, o OUTRO (*A'HER*) vem sempre APÓS (*A'HAR*) mim, pois o "EU" permanece sempre primeiro em toda relação no mundo.

A'HARAYUT: Pensar o outro no após; ser vigilante em relação aos outros na passagem do tempo.

1.2 Princípios de escrita das Escrituras

"Por muito tempo, fui para cama cedo". Assim começa o livro de Marcel Proust *Perto de Swann* (1913), que abre à *Procura do tempo perdido*. Importantes análises foram propostas somente sobre esta frase, que resumia toda a obra. Numa primeira leitura, nós podemos afirmar que essa frase não pode ser bíblica. Proust mergulha na atmosfera da literatura moderna com o aparecimento do sujeito subjetivo. A escritura da Bíblia responde a outros critérios cuja finalidade consiste em pensar a fé (*emuná*) *do ser humano diante de Deus*,[2] este Deus Uno da exigência moral, que nos pede a justiça e o amor ao próximo, que recusa todo compromisso com a idolatria e que protesta diante desses princípios desrespeitados.

Contrariamente aos Evangelhos ou ao Al Corão, o conto não gira em torno de um único fundador. O *Tanakh*[3] reconta as origens do povo de Israel desde Abraão e Sarah até o retorno do exílio da Babilônia no século V a.C.; esta longa história se inscreve seguida à história universal descrita nos primeiros capítulos de Gênesis. A invariante desses textos consiste em apresentar personagens humanos, Hebreus ou não hebreus, entregues seja aos seus desejos ou à sua boa vontade. Também Abraão, Moisés ou Davi conhecerão os seus momentos de fracasso. A Torá fala do ser humano tal como é, e não sobre um ser humano ideal.

---

[2] Yeshayahou Leibowitz, *Cinq leçons de la foi*. Le Cerf. Tradução David Banon.
[3] Iniciais de *Torah, Neviim, Ketuvim* (Pentateuco, Profetas, Escritos) as três partes das Bíblia Hebraica.

Para melhor analisar a Bíblia, parece-me importante conhecer algumas regras que estão presentes na sua redação, pelos diferentes redatores que nós chamaremos de *o Redator*.

Primeiro Princípio: Não mais do que três personagens

Todo personagem de uma narração (Deus ou Homem) se inscreve num triângulo que oferece dois prolongamentos a si mesmo. Apresentemos o esquema:

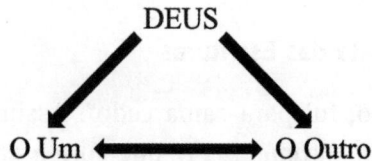

Deus oferece a vida (a graça) a *Um* e ao *Outro,* convidando um e outro a se *fraternizarem*. Quando a relação entre esses três polos se harmoniza, então a bênção circula e traz a Paz de Deus; senão a bênção permanece em suspense, como num circuito elétrico rompido em algum lugar.[4]

Segundo Princípio: O valor do diálogo

Por consequência disso, mesmo quando muitos agem no texto, o Redator apresenta essa pluralidade numa única situação. Por que? Pois o Redator nada mais quer do que indicar o diálogo, diálogo entre Deus e o Homem, entre o Homem e o seu Próximo. Vejamos um exemplo particularmente eloquente: a bênção de Isaac (Gn 27). Não existem nunca mais do que dois personagens em diálogo, ainda que quatro pessoas estejam presentes, e sem esquecer Deus (escondido no texto)
- 1 a 4 : Jacó e Esaú
- 5 a 17: Rebeca e Jacó
- 18 a 29: Jacó e Isaac
- 30 a 41: Isaac e Esaú

---

[4] O sequestro de Sarah por *Abimelekh* faz com que Deus feche as matrizes das mulheres do rei (Gn 20).

- 42 a 45: Rebeca e Jacó
- 46: Rebeca e Isaac.

Temos a impressão de ler uma história em quadrinhos onde cada cena apresenta dois personagens.

Terceiro Princípio: Narrativas condensadas

Toda narrativa se apresenta elíptica. O Redator não trata nem da psicologia dos personagens, nem dos lugares, estações ou a atmosfera. Cada termo possui, portanto, sua finalidade. Se uma palavra ou um grupo de palavras parece supérfluo, vemos que existe ainda uma intenção a descobrir.

Vejamos a narrativa de Caim e Abel (Gn 4). Muitos elementos nos faltam. Qual lugar? Quando? A idade dos protagonistas? O motivo das ofertas? Qual é o sinal da aprovação de Deus ou da sua recusa? Quais são as palavras de Caim a Abel? Qual foi a arma do crime? Qual foi o sinal que Deus marcou em Caim? Qual foi a reação de Adão e Eva? ...

Vejamos a prova de Abraão em Gn 22. Quais foram os sentimentos que Abraão sentiu diante do pedido de Deus? Que pensou ele durante esses três dias de caminhada? Sarah sabia a finalidade dessa viagem? Como Abraão descobriu afinal o lugar certo? Qual foi a reação de Isaac ao se descobrir como vítima? Que idade tinha Isaac? Desde quando o cordeiro estava preso no arbusto? ... Todas elas são questões sem respostas, pois o Redator quer ir até o essencial. A Tradição Oral irá propor então completar as lacunas, segundo a sua hermenêutica.

Quarto Princípio: Biografias incompletas

O Redator se concentra apenas sobre a etapa da vida do personagem necessária ao ensinamento religioso. Assim nós raramente conheceremos uma biografia completa de um personagem bíblico desde o seu nascimento até a sua morte. Algumas questões irão ficar sem resposta: E sobre a infância? E sobre sua educação? Qual foi a sua formação profética? Por exemplo, Noé é salvo com 600 anos; Abraão começou sua marcha com 75 anos; os anos de Moisés no Egito permanecem obscuros; o que terá acontecido no final da narrativa com Jonas, etc.

Assim sendo, a Bíblia não descreve nunca fisicamente os personagens: sua altura, sua fisionomia, suas roupas, sua morfologia. Se uma tal informação aparecer, é porque alimenta o ensinamento. Por exemplo: Esaú nasceu peludo para melhor distinguir-se de Jacó que permanecerá sem muitos pelos. Davi é ruivo (para a Bíblia, um sinal de violência), mas com belos olhos (capaz de controlar-se). Da mesma forma, a Bíblia nunca descreve os sentimentos, os pensamentos dos personagens, em resumo, nada sobre sua vida interior.

De Caim nós sabemos apenas poucas palavras; sua reação mortal, seu diálogo com Deus, o erguimento de uma cidade com o nome do seu filho. Mas isso será suficiente para o Redator para ressaltar os perigos da cólera e a importância da fraternidade. Na narrativa da amarração de Isaac (Gn 22) quando o versículo afirma "Abraão se levantou cedo", isso expressa um sinal de zelo amoroso por Deus, mas expresso de maneira implícita. Quando Abraão despede, segundo a ordem de Sarah, Agar e Ismael, nada nos é dito dos sentimentos do patriarca, mas sua compaixão se expressa pelo dom do pão e da garrafa de água. Na verdade, o texto apenas sugere para que o leitor compreenda a seguir.

Quinto Princípio: Heróis humanos

Os heróis bíblicos não nasceram nem deus, nem anjo, nem um demônio, mas um ser de carne e sangue, que nasce e morre, um ser humano com suas qualidades e com seus defeitos. Também não encontraremos nenhuma idealização sobre ele, seja ele um profeta ou um antepassado prestigiado. Esse aspecto específico bíblico implica que nenhuma falha será deixada à margem, na sombra. Adão e Eva criados por mãos divinas, se deixam seduzir. Noé, o justo, termina por se embriagar, Rebeca e Jacó trapaceiam para conseguir a bênção de Isaac, Jacó prefere José a seus outros filhos, Moisés explode de cólera em Meriba, Davi comete adultério com Betsabeia; Elias corta a cabeça de 400 sacerdotes de Baal, Jeremias deseja se vingar (Jr 11,20)... Um versículo poderia traduzir o olhar da Bíblia sobre esses personagens:

"Não há nenhum justo sobre a terra, que faça o bem sem jamais pecar" (Ecl 7,20).

Por outro lado, a Bíblia não conhece homens totalmente malvados.[5] Em cada ser humano, criado à "imagem de Deus", existe um fundo de bondade, de consciência moral que justifica os apelos ao arrependimento lançados pelos profetas. Caim, por exemplo, encontra-se encorajado por Deus a escolher o bem; Esaú não quis matar seu irmão Jacó enquanto vivia seu pai; o faraó até apresentou inícios de fé em Deus; Acab, idólatra, se humilha diante de Elias; mesmo o rei Manassés, que causa a destruição do Templo, se arrependeu em Babilônia (2Cr 33,12 e 13).

Nenhum justo perfeito, nenhum mal-intencionado categórico, mas homens que optam tanto pelo bem como para o mal, sem que situação alguma seja definitiva e fatal.[6] Essas longas narrativas transmitem uma mensagem religiosa e moral:

a) O ser humano não deve se orgulhar de seus feitos nem se desencorajar por seus fracassos.

b) O ser humano não deve se apoiar sobre sua inteligência, sobre sua força ou sua riqueza, mas ele deve reconhecer que todo poder procede de Deus (Jr 9,22).

c) O ser humano recolhe aquilo que semeia. Assim, a liberdade nunca é abolida, mas ela se defronta sempre com as leis estabelecidas pelo Divino Pai: o bem entranha o bem, o mal entranha o mal.

d) Deus jamais tenta o ser humano para sua queda, mas Ele o prova a fim de revelar as potencialidades de bem que estão adormecidas dentro dele.

Da mesma forma a Bíblia a ninguém idealiza, ela não idealiza nem o povo de Israel. A vida dessa nação não oferece somente exemplos de fidelidade e isto, desde a saída do Egito (bezerro de ouro, reclamações, desencorajamentos), a ponto do salmista não hesitar em colocar na boca de Deus: "Quarenta anos desgostou-me essa geração" (Sl 95,10).

---

[5] O homem malvado, violento sofre de uma patologia como o teria demonstrado o professor Henri Baruck em: *Des hommes comme nous*. Robert Lafont.

[6] Cf. especificamente o Capítulo 18 de Ezequiel sobre a responsabilidade individual.

Israel conheceu a grandeza e a decadência, os desvios e o arrependimento, tornando-se então um paradigma para todos os povos. Essa relação crítica do indivíduo e da coletividade provém na verdade da concepção monoteísta: somente Deus é perfeito, o ser humano permanece sempre na aproximação, no "posso fazer melhor".

Em resumo, os personagens da Bíblia permanecem próximos de nós. Lendo a Bíblia, podemos reconhecer feitos diversos de nossas sociedades modernas, pois o ser humano permanece o ser humano.

Sexto Princípio: Uma redação neutra

O Redator não toma partido nunca, não imprime nunca seus sentimentos: narra os fatos e somente os fatos. Por exemplo: Caim disse a Abel; e quando eles foram ao campo, Caim se levantou contra Abel e o matou". Ponto! O Redator permaneceu objetivo e frio.

"Abraão ergueu sua mão e pegou a faca para imolar seu filho". Ponto! Nenhum sentimento expresso nesse drama que se passa entre o pai e o filho. Piedade alguma aparece, misericórdia alguma. Somente os fatos narrados!

Emoção alguma aparece na mãe de Moisés que confia seu bebê ao Nilo; nenhuma palavra do Redator após a queda de Israel diante dos Filisteus que viu a morte de 300 000 soldados da infantaria, sobre os dois filhos do grande sacerdote Elias e o sequestro da Arca da Aliança (2Sm 2,10.11), nenhuma palavra diante da grande derrota de Guilboa, quando o rei Saul assiste a morte de seus três filhos, um após o outro, antes de se suicidar. Afeto algum nos é apresentado no momento da destruição de Jerusalém, quando os filhos do rei Sedecias são decapitados diante dos olhos do pai, os olhos que serão depois vazados. O dilúvio, as provações de Jó, as torturas de Sansão... O Redator nos diz: veja os fatos, cabe a vocês estudarem e tirar as lições devidas!

Esse Redator escreve do modo como o profeta Nathan se dirige ao rei Davi, após sua queda (2Sm 12), pela parábola do pobre e do rico. O discurso do profeta permanece neutro. É este Davi que escutando essa parábola, se envolve e declara: "Esse homem merece a morte!".

Ao leitor, cada um de nós, é que cabe a tarefa de reagir diante de cada texto.

Sétimo Princípio: A escolha do silêncio

Não somente o Redator permanece em silêncio, mas os personagens igualmente quando se esperava uma palavra, uma justificação. Qual é o motivo do conflito entre Caim e Abel? Qual palavra disse Abraão antes de deixar Sarah para sua última prova? As razões desse silêncio poderiam se resumir em três:

a) A narrativa bíblica quer ser curta, para manter a tensão dramática. Ela só menciona as palavras e as descrições necessárias. Qualquer detalhe nunca será descrito em vão ou como um acessório. Se o texto propõe algum prolongamento, é porque visa a um ensinamento. Portanto, a longa resposta das jovens filhas que retiram água para Saul (1Sm 9,12-14) serve tanto para descrever a conduta do Vidente (o profeta) naquele tempo, como para insinuar que as jovens filhas desejavam contemplar melhor a beleza de Saul (Talmud Babilônia – TB – *Berakhot* 48a). Assim também, a repetição da descrição da viagem do servo de Abraão diante da família de Rebeca se esclarece também pelo Midrash (Gn Rabbá 60,8): "A conversa dos servos dos patriarcas possui maior valor que a Torá oferecida aos filhos de Israel".

b) A brevidade do texto bíblico provém igualmente de uma consciência da presença divina. O Eclesiastes (5,1) se expressa assim: *"Não digas nada levianamente, e o teu coração não se apresse a proferir palavras diante de Deus. Pois Deus está no céu e tu na terra; portanto, sejam poucas as tuas palavras".* De modo geral, esta consciência da presença divina imprime o espírito de humildade. A Palavra (e a Escritura) procede de uma graça divina que não deve ser desperdiçada. Isso não exclui a possibilidade de discutir com Deus, que tem a medida para argumentar. Por exemplo, Caim declara: *"minha falta é muito pesada para suportar"* (Gn 4,13) e verá sua pena fatal transformada; Abraão negocia com Deus para tentar salvar Sodoma; Moisés exigindo o perdão divino após o pecado do bezerro de ouro; Jó reclamando o seu processo... Essas reações comprovam que Deus permanece à escuta.

c) Por fim, o silêncio carrega em si às vezes uma mensagem. Quando os irmãos se encontram diante de *Tsafnat Panea'h* (isto é, José), eles declaram (Gn 42,21): "*É justo sofrermos estas coisas, pois pecamos contra o nosso irmão. Vimos sua angústia quando nos pedia compaixão e não o atendemos*". José, portanto, implorou a seus irmãos, mas a narrativa do capítulo 37 nada menciona sobre isso. Por que o Redator escondeu esse elemento dramático, quando um escrivão ou um cineasta teria realizado uma "grande cena" sobre essa agressão? Pois detrás dessa violência se resguarda a realização da vontade divina anunciada a Abraão: "*Saiba que tua descendência será estrangeira...*" (Gn 15,13). A narrativa bíblica não descreve os acontecimentos do ponto de vista humano, mas do ponto de vista do projeto divino. E será justamente José que oferecerá a chave de leitura da narrativa.

Oitavo Princípio: Palavras recorrentes e textos paralelos

Apesar da neutralidade analisada, o Redator não pode se emancipar de sua subjetividade e de seu julgamento.

a) Lendo a narrativa da bênção de Isaac em Gn 27, nós compreendemos que o Redator quer colocar em destaque a falsidade de Jacó, mesmo se esse último pareça mais digno que Esaú. Também a palavra "trapaça" ou o verbo "trapacear" reaparece de forma recorrente na narrativa: "Teu irmão veio com *astúcia*" disse Isaac; e Esaú responde: "*É por isso que ele se chama Yaâkov* (Perseguidor), e ele me "*perseguiu*" ("trapaceou") duas vezes, ele tomou meu direito de primogenitura, e agora ele toma a minha bênção".[7] Quando mais tarde, Jacó pergunta a Labão: "Por que tu me *trapaceaste*? Labão responde (com ironia): "*Não se oferece em casamento a mais nova antes da mais velha*" (Gn 29). Essas duas narrativas paralelas em torno da falsidade ressaltam a intenção

---

[7] Jogo entre as palavras hebraicas *Bekhorati* e *Birkati*.

do escriba: "o ser humano recebe sempre medida por medida" (*midah kenegued midah*).[8]

b) Após a venda de José, Judá e seus irmãos trazem a túnica manchada de sangue de um cabrito até seu pai e lhe perguntam: "*Reconhece o senhor, portanto*, a túnica do teu filho?" (Gn 37,32). No capítulo seguinte, Judá é enganado por Tamar, que se disfarçou de prostituta. No momento de sua condenação, o autor coloca na sua boca as mesmas palavras: "*Reconhece o senhor, portanto*, de quem é este sinete?...". Medida por medida!

c) A justaposição das três narrações em torno do tema da acolhida dos estrangeiros nos ensina sobre as preferências do autor. No capítulo 18 de Gênesis, Abraão encarna o protótipo da hospitalidade; no capítulo 19, Ló representa uma hospitalidade menos zelosa, e por fim os habitantes de Sodoma na sua hospitalidade encarnam os valores anti-Abraâmicos.

Nono Princípio: A esperança após o drama

A Bíblia recusa a leitura trágica da história, isso seria negar a Providência que age nela, mesmo quando os seres humanos cometem o mal. Também uma narrativa não pode terminar tragicamente. Mesmo a descrição de um assassinato ou de uma catástrofe (dilúvio, Sodoma, provas de Jó, etc.) se prolonga por uma esperança, pois um personagem ou um grupo humano será salvo e se iniciará uma nova partida.

Não existe Rigor sem Misericórdia; não existe repreensão sem consolação; não existe punição sem perdão; não existe destruição sem reconstrução; não existe morte sem ressurreição.

1.3 Cenário das narrativas bíblicas de fraternidade

1º Princípio: Os pais antes dos filhos

Todas as narrativas de fraternidade apresentam os mesmos tipos de personagens, atores diretos ou indiretos. Quem são eles? Mesmo que a

---
[8] Cf. Sl 18,26 e *Midrash Gênesis Rabbá* capítulo 9.

fraternidade nos remeta a uma relação horizontal, a Torá não ignora a presença da anterioridade, o pai e/ou a mãe ou Deus. Pois a fraternidade se inscreve na história de uma família, na história de uma procriação.

Isso é o que nos oferece o seguinte esquema geral:

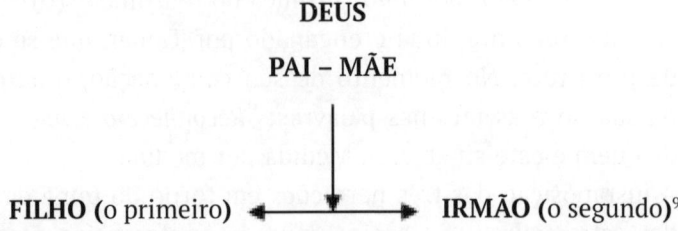

Lembremos que a cada vez a fraternidade se constrói ou falha, não por incompatibilidade de humor inerente à psicologia dos irmãos, mas por consequência das escolhas (justificadas ou não) dos genitores. Por isso elas expressam impressionantemente eleições afetivas que geram tensões odiosas. Resolver a questão da fraternidade implica compreender em seguida como reequilibrar a relação afetiva entre os irmãos, relação relaxada ou quebrada até por essa escolha "parental". Fraternidade se conjuga com parentalidade.

Ainda que a escolha de um dos irmãos não leve ao outro uma fatalidade trágica (cf. 9º princípio), este último pode sempre ultrapassar os ressentimentos para chegar a fraternizar. Pode-se falar de uma dialética entre eleição e liberdade. Bem entendida, essa relação implicará sempre questões recorrentes: "Quem é o eleito? Qual reação do não eleito? Como o eleito constrói ou não a fraternidade? Idem para o não eleito?

2º Princípio: As proximidades perigosas

Nas narrativas de Gênesis, as proximidades de fraternidade escondem um risco de fratricídio. Esse extremismo surpreende. Nas nossas famílias, as desavenças, graças ao Céu, raramente levam à morte. Como compreender esse excesso da relação fracassada? Pensamos que a Bíblia

---

[9] A Bíblia está mergulhada numa atmosfera patriarcal, a relação irmã – irmã é mais oculta, se bem que exista também o conflito entre as mulheres. Quando Malaquias (3,24) anuncia a reconciliação de pais e de filhos, não se exclui em nada as mães e as filhas!

quer ressaltar a última situação de um fracasso relacional que traz sempre consigo em possibilidade a supressão do outro.

No espírito de alguém polêmico, a solução de um problema não se encontra justamente na eliminação da causa do problema? Olhemos para as zonas de conflito (guerras, narcotráficos, máfia, etc.) não é a eliminação que soluciona o diferente? Nossas sociedades evoluíram no campo jurídico, mas ninguém diz que todos os cidadãos plenamente concordaram com esse tipo de violência. Observemos uma massa histérica (torcida de futebol, manifestações, etc.), essa violência não traz consigo mesma a morte? Nesse sentido, a Bíblia nos fala de uma natureza humana dividida entre "um coração malvado" (Gn 8,21) e uma "imagem divina" que é preciso cultivar até ao "Amarás o teu próximo como a ti mesmo" (Lv 19,18).

Gênesis nos lembra que a fraternidade não existe por si mesma, mas que ela permanece sempre sendo um ideal para construir.

3º Princípio: O filho precede o irmão

Logicamente e cronologicamente, o primeiro nasceu *filho*, o segundo nasceu *irmão*. O desafio da fraternidade passa então pela inversão das polaridades: como o filho assumirá o ser irmão, e como o irmão será reconhecido como filho? A dificuldade reside tanto na recusa do primeiro em abrir mão do seu direito de primogenitura, seja do segundo em não saber colocar-se na capacidade de diálogo.

4º Princípio: A fraternidade ultrapassa as relações da proximidade familiar

A fraternidade ocupa um tal valor na consciência hebraica, que a Torá usa desse vocabulário, mesmo que não se trate de uma fraternidade direta. Um sobrinho, uma esposa, um filho, pode tornar-se **irmão** ou **irmã**. De fato, a proclamação do monoteísmo para Abraão implica numa visão fraternal da humanidade. Nós somos todos irmãos em nome do Criador, e todos irmãos por Adão e Eva. Não esqueçamos as iniciais **A'H** como iniciais de *Adão e Hawa (Eva)*. Também na família patriarcal, chama-se por "irmão" e "irmã" que significa ainda "parente próximo" (Rashi sobre Gn 31,23).

Como conclusão, a fraternidade não diz respeito unicamente ao quadro limitado de uma família, ela diz respeito ao clã, à sociedade, e no fim, à humanidade inteira, chamada a "tecer" laços sólidos de amor. Para a Bíblia, a procura da fraternidade expressa um projeto universal. Do mesmo modo que Deus criou um outro além d'Ele – o Ser Humano – e que Ele lhe ofereça o tempo em pura graça porque ele vive, assim também o ser humano é convidado a imitar seu Criador para que *"teu irmão viva contigo"* (Lv 25,36). Mais tarde, Jesus fará desse ensinamento a pedra fundamental de sua comunidade ideal.

CAPÍTULO II
Ler a Torá

2.1 Caim e Abel

Uma narrativa em 26 versículos

O tema da fraternidade se abre com a narrativa de Caim e Abel. É preciso ler em sua versão hebraica para evitar os ouvi-dizer e os clichês. Caim e Abel nascem por geração, e não por intervenção divina como seus pais. Gosto de repetir que se eles pudessem ter feito psicanálise, então eles diriam "papai" e "mamãe".

O capítulo 4 é delimitado no rolo da Torá por um espaço em branco que o separa da narrativa precedente, e após o último versículo 26 por uma quebra de linha.[1] 26! Número altamente simbólico, pois corresponde ao tetragrama YHWH (10 + 5 + 6 + 5), sugerindo que toda tentativa de fraternidade consiste em escrever o nome divino, mas no caso contrário de profaná-lo.

Quem são os personagens da narrativa na ordem em que aparecem?
1. Adão: o genitor, que se ausenta após ter conhecido Eva.
2. Eva: a primeira mãe que nomeia seus dois filhos.
3. Caim: o mais velho "trabalhando a terra". O filho.
4. Abel: o mais novo, "pastor de pequeno rebanho". O irmão.
5. Deus (sempre YHWH, salvo *Elohim* no versículo 25): observador e juiz.

---

[1] Nas Bíblias impressas, o branco é indicado por uma letra hebraica *Samekh* (S), inicial de *Setuma* "fechamento", isto é, por um espaço vazio entre dois textos, e a quebra de linha por um *Pe* (P), inicial de *Petu'há* "abertura". Este corte somente na geografia do texto que não conhecia pontuação – oferecem indicações de escritura ao escriba (*sofer*). Este texto foi tornado oficial pelos mestres dos Massoretas, no século VI d.C. Este corte oferece uma respiração ao texto para meditá-lo.

6. Os descendentes de Caim até Enoque.
7. Nascimento de Set. Invocação/profanação do nome divino (v.26).

Uma mãe que nomeia

E Adão (*Ha-Adam*) conheceu a Eva (*Hawa*) sua mulher e ela concebeu e deu à luz Caim (*Kaine*), e ela diz: "Eu adquiri (mesma raiz de Caim) um homem (*Ish*) com[2] o Eterno (YHWH). Acrescentou outro, ao dar à luz seu irmão Abel (*Hevel*). Ora, Abel era pastor de gado pequeno, e Caim era trabalhador do solo.[3]

A narrativa começa pela primeira geração que colocam em marcha a História. Logo em seguida, essa história inaugura um projeto de fraternidade: o projeto não mudará de uma geração para outra, fraternidade entre os homens ou entre os povos.

O Adão (masculino, com o artigo) conheceu Eva no sentido bíblico, o verbo *ladaat* "conhecer", implicando tanto a intimidade conjugal como o amor filial, mesmo o espiritual.[4]

Adão realiza o ato da procriação segundo a bênção divina anunciada em Gn 1,28.

Adão, o Alegre,[5] aquele que vem de *Adamah*, a gleba, mas que carrega também em si a semelhança (*demuth*) divina (Gn 1,26), se une por desejo de amor a Eva, *Hawa*, "mãe da vida", futuro promissor. Assim, memória e futuro[6] se encontram para fazer nascer a criança herdeira dessas duas dimensões.

A pessoa que estuda o hebraico percebe imediatamente o sujeito colocado antes do verbo (quando normalmente a gramática bíblica co-

---

[2] O YHWH é precedido por um *eth* que introduz o NOME, mas ele pode significar também "com". Nossa tradução nos pareceu a mais justa aqui, que "diante de Deus" ou "para Deus".
[3] As traduções são pessoais. Seguindo o mais próximo possível o hebraico, nós queremos sugerir a exegese tradicional.
[4] Gn 18,19 sobre Abraão "pois Eu o conheci/amei". Is 11,9: "a terra estará cheia do conhecimento/amor de Deus". O vocábulo hebraico *daat* oferece em si as três dimensões gregas: *éros, philia e ágape;* sem divisões entre esses três níveis de amor, portanto. Mas quando esse amor é equivocado, ele sugere uma violação coletiva (Gn 19,5; Jz 19,22).
[5] Tradução de André Chouraqui.
[6] *Zahar* = masculino, cinzel e memória, *Nequeiva* = feminina e buraco (em direção ao futuro).

loca o verbo antes do sujeito).[7] Isso significa, segundo Rashi,[8] que Adão conheceu Eva, "já no jardim do Éden". Segundo a leitura literal proposta pelo incontornável exegeta de Troyes, Caim foi concebido antes da falta, antes do que Santo Agostinho nomeia "o pecado original". Caim se encontra imaculado da transgressão de seus pais. Essa união oferece uma gestação no ventre da mulher, que o hebraico nomeia alegremente "elevar", referindo-se a esse pequeno ventre arredondado como uma "colina elevada" que protege o bebê. Em seguida, Adão desaparece, deixando Eva nomear seus rebentos. Adão desaparecerá até o fim do capítulo para gerar Set, o "substituto" de Abel.

Enquanto Adão se ausenta (como no diálogo entre Eva e a Serpente), Eva se afirma, não somente nomeando seus dois filhos, mas sendo evasiva quanto à paternidade adâmica, quando ela declara "Eu adquiri" – e não 'nós adquirimos' um homem (*ish*) com o Eterno (YHWH)". Então *ish* remete à designação de Adão (Gn 2,23) na sua relação com a mulher (*ishá*), nascida do seu lado (e não da sua costela). "Não existe *ish* sem *ishá*" (Gn Rabbá 8,9). Pois "não é bom para o homem que permaneça só", de onde vem "Eu lhe farei uma companheira diante de ti (*kenegdo*)". Da raiz *nagod* = dizer, contar, *kenegdo* pode ser traduzido por "para seu diálogo".[9] Um casal se constrói por um diálogo, diálogo da boca e dos corações; diálogos dos corpos e do corpo a corpo que constituirão tantas histórias memoráveis.

Aqui, por sua formulação surpreendente (síndrome da mãe judia?), Eva (*ishá*) parece estabelecer uma nova relação marital com Deus (*ish*).[10] Ela culpou a Adão por ter incriminado de forma pouco elegante a defesa: "A mulher que Tu (Deus) me deste me fez pecar". "Não sou eu, é o outro!" (Refrão tristemente famoso). O diálogo esperado pelo Criador ficou estreito, cada membro do casal negando seu *alter ego*.

---

[7] A ação define o sujeito, e nunca o sujeito se apresenta de modo autônomo.
[8] Iniciais de Rashi Shlomo ben Isaac (1040 – 1105), viveu em Troyes na região Champagne e comentador de toda a Bíblia e de todo o Talmud, com um sentido pedagógico bem aguçado. Ele segue geralmente o sentido literal (óbvio), sempre fazendo referência ao Midrash (procura interpretativa) quando este sentido ilumina o versículo.
[9] A ortodoxia judaica e São Paulo pecaram contra o espírito da letra querendo reduzir a mulher ao *silêncio* e à *submissão*.
[10] Os Padres da Igreja aqui veem uma alusão a Maria fecundada pelo Espírito Santo. Contudo eles devem colocar no filho mais novo a figura do Cristo, vítima "expiatória" do pecado da violência.

Em resumo, Caim se torna, segundo Eva, "aquisição", um *Eu o adquiri* com o SENHOR. Mamãe está em baixo, Papai está no alto!... Mas Adão não está lá.

Consideremos o peso de um tal nome e de uma tal paternidade sobre o jovem Caim: aquisição de sua mãe e de Deus.[11] Como, numa tal atmosfera mental, o jovem poderia concluir: "Um homem (*ich*) deixa seu pai e sua mãe, e se une à sua mulher para formar uma só carne", versículo que termina o capítulo anterior? Pois esse versículo ensina claramente que a educação consiste em facilitar a ruptura do cordão psicológico que une a criança a seus pais, sem a qual ninguém poderá assumir plenamente sua própria história.[12]

Abel nasceu como o segundo. Um gêmeo? Um midrash propõe assim (pois não se repete "ela elevou sua barriga"), mas não obrigatoriamente. Ele nasceu como um *acréscimo*, um a mais. Ele é nomeado, sem justificação, com o significado de "névoa, vapor". Um programa completo.

Nachmânides[13] vem em seu auxílio: Eva fragiliza o lado possessivo de Caim, sublinhando que no final, toda posse aqui embaixo nada mais é que vaidade; o início de Gênesis prepara o discurso de Eclesiastes.[14] Abel um ante Caim!

Na verdade, Abel, o evanescente, passa como uma sombra. Se Caim não é em nada responsável pela estrutura psíquica induzida pela sua nomeação, ele terá, contudo, de conjugar sua existência com aquela de seu irmão Abel, que parece tanto invisível a sua mãe como a Caim, e é claro a Adão. Como a fraternidade, esse reconhecimento face a face, será então possível?

Cada criança crescendo escolhe seu caminho que corresponde à sua maneira de ser, à sua graça divina. Abel se torna pastor de pequeno rebanho, como mais tarde será também Moisés (Ex 3,1). Ele gera a animalidade da proximidade, não predatória. Ele realiza a seu modo a *dominação* dos animais, desejada no projeto divino (Gn 1,26). Essa do-

---

[11] Sem dúvida, alguns nomes bíblicos são difíceis de serem carregados (Os 1,8.9) "não amado", "não meu povo", ou (Is 8,3) "furto-rápido-saque-ligeiro". Imaginemos na rua, a mãe chamando assim seus filhos para entrarem em casa!
[12] O que, claro, não nega o respeito filial, segundo o Decálogo.
[13] Rabbi Moshe ben Nachman (1194 – 1270) exegeta, talmudista e cabalista espanhol.
[14] "Vaidade das vaidades" se traduz literalmente por "névoa de névoa".

minação no sentido ético do monoteísmo, não agride logicamente em nada o planeta, muito menos ainda o desaparecimento das espécies. Abel encarna o nômade, vivendo da natureza, longe de casa e falando pouco (na narrativa, ele nada diz).

Caim trabalha na terra, ele continua a obra paterna. Adão tinha sido jardineiro, alimentando-se dos frutos e dos vegetais (o homem se tornará carnívoro após o dilúvio). Após a queda, ele come seu pão, transformando o trigo pelo suor das suas narinas,[15] pelos seus esforços e pelo calor do fogo (que ele descobre segundo o Midrash). No Éden, ele recebia seu alimento no estado bruto; fora do Éden, ele o transforma. A passagem do cru para o cozido marca o nascimento das culturas e das civilizações. Nenhuma maldição aqui.

Notemos que a mesma caligrafia dos nomes indica a sua vocação: a letra à direita de קין "Caim" se dirige em direção à terra, enquanto a letra à direita de הבל "Abel" evoca o espaço do movimento. Por isso, evitemos as leituras muito simplórias, o bom e o mau, que não se justifica *a priori*. Pois, trata-se de duas vocações complementares pelo critério de uma boa vontade de viver juntos e de partilhar o fruto de seus trabalhos. Aqui está um projeto de fraternidade. Acrescentemos que Caim e Abel encarnam duas dimensões de Adão: a relação com o mundo vegetal, a relação com o mundo animal.

O tempo passa. A Bíblia evita os anos de infância para chegar "ao fim dos dias". Cada vez que esse "fim dos dias" (*kets*) aparece na Bíblia, o texto apresenta um balanço moral do passado, como mais tarde na história de José, sugerindo o final dos dias dos tempos messiânicos. A Bíblia irá responder ao nosso pendente questionamento: Caim e Abel irão ter sucesso naquilo que Adão e Eva não tiveram?

Enquanto Adão e Eva tiveram que se abster de comer de *tudo*, os dois irmãos irão oferecer, eles, diante do Eterno o produto do seu trabalho. Um e outro aceitam, portanto, de não comer de *tudo* da sua produção, além do que, sem ordem divina alguma. O apelo germina de baixo, não do alto, segundo a fórmula mística do Zohar. A iniciativa dirige-se a Caim, o mais velho. Caim oferece diante de Deus, os frutos de sua

---

[15] Em vez de "sua testa", novamente um erro de tradução, como "o pomo de Adão" nunca mencionado no fruto proibido.

colheita, um Deus paternal, segundo a lógica de Eva. Ele apresenta o produto de seu trabalho ao Pai Celeste como mais tarde Esaú trazendo a caça a Isaac, seu pai biológico. Abel imitará seu irmão. O pastor (nômade) imita o agricultor (sedentário).

Apensar dessa dupla desapropriação sucessiva e *a priori* louvável, Deus irá fazer uma distinção entre Caim e Abel.

A escolha de Deus

Se o texto tivesse sido escrito num contexto pagão, a narrativa poderia ter terminado nesse duplo gesto. Uma história sem história. Os primeiros humanos reconhecem um poder tutelar como fonte de bênção. E os deuses saciados das ofertas adormecem na eternidade deles, plenos de poder. Mas estamos na Bíblia, e o Deus bíblico permanece do início ao fim um Deus de exigência moral, "Ele não dorme, nem cochila, o guarda de Israel".

O gesto humano não é suficiente, portanto sem a intenção que lhe precede e que lhe oferece sentido. A letra ritual deve sempre oferecer o espírito, segundo a teologia paulina, caso contrário a morte espreita. Deus irá responder a esses dons, a essas desapropriações de bens. E, surpresa, eis que Deus realiza uma escolha incompreensível e numa primeira impressão, escandalosa: Ele dirige sua face unicamente em direção a "Abel e sua oferta". Certamente Deus não tem que se justificar, mesmo quando depois a Bíblia aponta as justificativas divinas.[16] Nada há de arbitrariedade divina na Bíblia, pois como enunciamos anteriormente, Deus responde sempre segundo a conduta humana. "Do modo como o homem age também ele age em direção a ele" segundo a Mishná (*Sotah* 1,7) ou o ensinamento de Jesus. A resposta se encontraria no próprio texto? Sob a condição de o ler mais de perto, e em hebraico.

"E o Senhor (YHWH) voltou sua face[17] para Abel e para sua oferenda, mas para Caim e para sua oferta Ele não voltou a sua face; e a cólera de Caim se inflamou e seu rosto ficou horrorizado."

---

[16] Por exemplo, porque Deus envia o dilúvio, porque Ele destrói Sodoma ou porque Ele pune a geração do deserto. O Deus bíblico permanece coerente em sua justiça.
[17] Segundo a tradução literal proposta por Rachi.

Observemos que o versículo disse que Deus *se voltou para Abel antes de se voltar para sua oferta*, assim como está dito *Ele não se voltou nem para Caim* antes, nem se voltou para *sua oferta* depois. O dom traz em si a característica do doador. Esse tema se encontrará novamente segundo os profetas que condenarão um culto sacrificial muito rotineiro, muito mecânico, sem coração algum. "Deus sonda os rins e o coração" (Jr 11,20) em cada ato religioso.

O que será que em Caim existe de condenável aos olhos divinos, a ponto de ver ser recusada a sua oferta, sem que se saiba por qual sinal Deus aponta sua aprovação ou sua desaprovação? O texto sugere uma falta do mais velho que impede a aprovação divina.

A meu ver, a resposta se encontra nas palavras do texto, pelo modo como a oferta de Abel aparece mais detalhada que aquela de Caim. De fato, Abel traz *as primícias de seu rebanho e de sua gordura*, enquanto Caim apresenta somente *os frutos da terra*, sem maiores detalhes. Nesta lógica, Caim, sendo o mais velho, guardava as primícias para si, enquanto Abel, o segundo, oferecia a Deus sua primeira produção.

O que são as primícias? Os primeiros frutos, os primeiros cereais ou os primeiros nascidos do rebanho. Esse dom das primícias será legislado mais tarde (Ex 13,2; Dt 26, 1-11) sendo um mandamento (*mitsvá*) no meio do corpus das 613 tradicionais *mitsvot*.[18]

Qual espírito está implícito nessa lei? As primícias remetem ao Primeiro. Elas traduzem o reconhecimento do agricultor e do pastor para com o Eterno Deus, fonte de vida e de bênção. Essa desapropriação indica a restrição em relação ao consumo imediato (segundo o que Deus instituiu no início a Adão). Dessa forma, a conduta espontânea de consumo se encontra regulada por esta separação do produto agrícola ou dos primeiros nascidos. Nesta lógica, Abel se colocou: "Deus antes e eu depois". Caim permanece numa conduta natural: "Eu antes, Deus depois". Esses comportamentos correspondem à psicologia dos personagens. Abel se conhecendo segundo em relação a seu irmão Caim – homem de aquisição – se secundariza. Caim, estruturado mentalmente,

---

[18] TB *Makoth* 24 a: "Rabbi Simlai ensina: 613 mandamentos foram oferecidos a Moisés no Sinai". O Talmud não dá uma lista exaustiva, serão os mestres posteriores, especificamente Maimônides, que realizarão essa compilação.

por seu nome e seu lugar de mais velho, se serve antes, ocultando o lugar primeiro do divino Pai, obscurecendo o lugar de seu irmão. Trata-se antes de uma *falta de ser* mais do que uma *falta em ato*. Deus secundariza então o primeiro em favor do segundo, como Caim secundariza o Eterno em favor próprio. Com certeza, Caim inicia a oferta religiosa, mas seu gesto não pode ser tornado como modelo.

Jesus e a falta de Caim

Jesus ensina (Mt 5, 23-24): "Portanto, se estiveres para trazer a tua oferta ao altar e ali te lembrares de que o *teu irmão* tem alguma coisa contra ti, deixa a tua oferta ali diante do altar e vai primeiro reconciliar-te com *teu irmão*; e depois virás apresentar tua oferta". A relação com o Céu se constrói sobre a fraternidade. Essa lição de Jesus oferece uma chave de leitura desta passagem de Gênesis. Não existe relação vertical sem relação horizontal.

Aos olhos de Caim, Abel é apropriadamente nomeado com seu nome hebraico *Hével*, "Névoa". Ele é evanescente, transparente, inexistente. O papel de Adão, o Pai, teria sido o de construir a relação fraterna, de fazer com que o ser irmão fosse o lugar da partilha, de consideração e de amor.

O nome hebraico AV "PAI" sugere, igualmente, essa partilha. De fato, AV se escreve *Aleph – Beth*. *Aleph* é 1 e *Beth* 2. O papel do 1 (princípio original) consiste em regular e equilibrar o 2 (realidade dual). Deus (*Aleph*)[19] abre a Torá pela letra *Beth*, que se refere ao mundo da fraternidade para dar certo.

DEUS

Fonte de vida/ de graça (Sl 36,10)

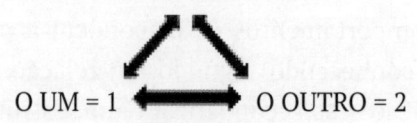

O UM = 1 ⟷ O OUTRO = 2

---

[19] A Cabala decompõe os três traços da letra *Aleph* em duas letras *Yod* colocadas sobre uma letra *Waw* transversal. O que oferece um valor numerológico : 10 + 10 + 6 = 26, que é o valor do tetragrama YHWH.

Para que o fluxo da bênção circule, trata-se de costurar a relação, de fazer a conexão entre os três polos.[20] Querendo se situar sozinho diante de Deus, Caim oculta Abel, seu outro. Sua iniciativa religiosa peca por excesso de fervor para com Deus e por falta de empatia para com seu próximo.

Já que Adão estava ausente, além de ser desacreditado por Eva, Deus assume o papel paternal. Não voltando Sua face nem para *Caim e sua oferta*, Deus convida Caim a dirigir seu rosto em direção a Abel. A recusa de Deus significa *educação* e não *negação*. Encontramos esse princípio *midah kenegued midah* "medida por medida" dos rabinos e que Jesus anuncia em seu *Sermão: "Como julgais, assim também sereis julgados"*.

Deus ensina aqui que o ser humano não pode se auto satisfazer, e que toda iniciativa, por mais zelosa que seja, pode veicular sim sementes de egocentrismo.[21]

E a consequência dessa recusa divina? Caim fica zangado (contra Abel?), e veio a decepção (diante de Deus?). A cólera, *calor do nariz* em hebraico, aparece quando a realidade não se dobra à nossa vontade. *O ego* irrompe em seu excesso de raiva em não poder ser satisfeito. Essa cólera gera a decepção e se retrai em si mesma, resultando aqui por um rosto consternado. Biblicamente o rosto humano, com os dois olhos em proximidade, convida ao *panim el panim* – "face a face", entre o homem e a mulher, entre o homem e o seu próximo, entre o homem e Deus, como os dois querubins da arca da Aliança.

Um Deus que educa

"Se você fizer o bem, se erguerá: se você *não fizer o bem, o pecado está à* porta e lhe espreita, e sobre você seu desejo, mas você controle-o".

Deus não abandona Caim. Ele lhe fala. Ele lhe fala antes do assassinato. Ele lhe falará após. Ele não se dirige a nenhum outro, mas somente a Caim; nem a Abel, nem a seus pais. Então, Deus não acolhe a sua oferta a fim de encorajar Caim a melhorar. Estamos longe de um Deus arbitrário. Que diz Ele? Primeiro, Ele o questiona: "Por que você

---

[20] Cf. § *Princípios de escritura das Escrituras*.
[21] Esse excesso de zelo religioso custará a vida dos filhos mais velhos de Aarão, Nadab e Abihu (Lv 11,1.2).

experimenta a cólera, por que seu rosto está abatido?" Qual tom utiliza o Criador? O texto massorético apresenta o Tetragrama, YHWH, o Ser em seu atributo de misericórdia e de amor. Não coloquemos nesse texto dimensão alguma de cólera, pois esta somente existe do lado de Caim.[22]

O hebraico conhece dois termos para expressar: "por que": *maduâ* e *lama*. *Maduâ* significa "porque" numa só palavra, isto é, que a questão se coloca sobre sua causa mesmo. *Lama* se traduz em "por que", isto é, para qual finalidade? Aqui se trata do segundo termo, como se Deus pedisse a Caim: "Aonde lhe levarão sua raiva e seu abatimento? Depois o encoraja: "Se você fizer o bem (*tetiv*), se erguerá: se você não fizer o bem, o pecado (*'hatat*) está à porta e lhe espreita, e sobre você seu desejo, mas você controle-o".

A alternativa está colocada sobre o "bem" a realizar, o *tov*. Este *tov*, nós já o vimos antes quando Deus coloca em ordem a terra pelos 7 contatos divinos. Cada *tov* anuncia a passagem à etapa seguinte ao "dia" seguinte, até o " *tov meod* ", o "muito bom" da conclusão. Parece-nos, portanto, que tudo esteja "bem", no melhor dos mundos possíveis. No entanto, no capítulo 2 (v.18), encontramos um "não-bom", assim expresso: "E *YHWH Elohim* disse: '*não é bom* que o homem fique sozinho. Eu lhe darei uma companheira face a face'". Um "não-bom" não é um "mal", uma falta que venha a ser preenchida. O *tov* caminha junto com a dualidade, com o companheirismo, com o diálogo.

A recusa pedagógica de Deus nos ilumina: se não é bom que Adão esteja só, sem Eva, do mesmo modo não é bom que um filho, Caim, viva sem reconhecer seu irmão, Abel. A recusa pedagógica divina convida à fraternização.

Nesta lógica se compreende a primeira ocorrência da palavra *'hatat*. Traduzida por *pecado*, significa literalmente "a falta",[23] e no Levítico, o sacrifício por uma falta involuntária. Observe que o "pecado original" se expressaria mais nessa fraternidade fracassada do que na desobediência a Deus no Éden. A tradição Judaica coloca então a falta contra o ser humano mais grave do que a falta contra Deus, que em Sua misericórdia

---

[22] O mesmo acontece em relação à provação do óleo de rícino. Cf. nosso livro *Elias e Jonas, profetas ao extremo*.
[23] Verbo 'H.T.H. = "Errar o alvo".

infinita pode suportar a distração de Sua criatura, que ele sabe ser fraca na sua concepção obscura.

Dever conjugal

Essa questão do diálogo humano – mulher e filhos – irmão, se encontrará legislada no Talmud, na forma legal escondida, como sempre, numa questão ética:

> O homem terá observado o mandamento *frutificai-vos e multiplicai-vos* (Gn 1,27) se ele tiver 2 filhos. Segundo a escola de Shamai: 2 filhos homens; segundo a escola de Hillel: um homem e uma filha, pois está dito: 'homem e mulher, Ele os criou'. (*Mishná Yebamoth* 7,6)

Segundo uma tradição oral, o cumprimento da vontade divina quanto à procriação implica a geração mínima de duas crianças. O debate se encontra sobre o sexo delas.

Para a escola de Shamai, a relação filho – irmão vem antes; para a escola de Hillel, a relação homem – mulher teria a primazia. Shamai pensa que tudo está em jogo na segunda geração da humanidade, se o diálogo Caim – Abel tivesse sido bem-sucedido, a História teria sucesso. Para Hillel, a relação Adão e Eva, homem e mulher permanece determinante.

Qual é a conclusão? Segundo o Talmud (TB *Eruvin* 13b): "Estas e aquelas são as palavras do Deus vivo". A questão do diálogo familiar, em todos os níveis, abre a porta à uma fraternidade generalizada. Malaquias anuncia como última voz do profetismo: "*Eu vos envio o profeta Elias, antes do dia do Senhor, grande e formidável, e "ele reconduzirá o coração dos pais* (e das mães) *aos filhos* (ao menos 2) *e o coração dos filhos em direção aos pais* (e das mães)". O Messias dirá: "*Família, eu vos amo!*"

Tu te tornarás responsável, meu filho

Essa palavra divina a Caim a reencontramos na boca de Moisés antes da sua morte (Dt 30,19): "Eu coloco diante de ti, a vida e a morte e tu escolherás a vida" (para ti e para o outro). Liberdade de construir ou destruir, de amar ou de odiar. Deus anuncia a Caim o espírito da Lei revelada mais tarde aos Hebreus, e reiterada por todos os profetas: em acrescentar nosso bem humano, nosso *tov*, à bondade divina.

O que é que impede este aperfeiçoamento, essa bonificação do ser? *À porta (no limiar), a falta está à espreita*. Expressão curiosa que remete à imagem do predador pronto a atacar sua presa. Escutemos a leitura tradicional formulada por Rashi (1040 – 1105), nosso mestre de Champagne, na França: "Quando a criança cruza *o limiar* do útero, a inclinação para o mal (*yetser hará*) aparece".

Todo ser humano vem ao mundo com uma inclinação para o mal, enquanto a inclinação para o bem (*yetser hatov*) entra somente no ser humano na puberdade (com a idade da maioridade religiosa, 12 anos para as meninas, 13 anos para os meninos).

O rei Salomão ensina: "Melhor um jovem pobre e sábio do que um rei ancião e insensato" (Ecl 4,13). E Rashi acrescenta: "*O rei ancião* corresponde à inclinação para o mal que nasceu com o homem, enquanto o *jovem* representa a inclinação para o bem que apareceu mais tarde, e que permanece infeliz por não ser escutada".

Na coerência monoteísta, tanto o mal como o bem no ser homem procedem do Deus Um.[24] De fato, a Tradução ressalta um dado psicológico. Nascendo, o bebê procura somente satisfazer seu desejo de perdurar, o que suas lágrimas revelam (Spinoza). A mão se fecha para reter antes de se abrir para oferecer, e o "eu" precede sempre o "tu". Esse egocentrismo natural se tornará, com o desenvolvimento da consciência, no egoísmo se ele permanece no primeiro estado. A finalidade da educação, tão cara à Bíblia, consiste da parte dos educadores em canalizar sempre que possível esse egocentrismo em direção ao altruísmo ético.

Os rabinos jamais consideraram que este egocentrismo natural pudesse ser extinguido totalmente. Satisfazer seu desejo de comer, de

---

[24] Is 45,7: "Eu é que faço a luz e crio as trevas, faço a paz e crio o mal, Eu o SENHOR, Eu é que faço tudo isso". Esse versículo foi introduzido no ofício da manhã, substituindo "crio o mal" por "crio tudo". Aqui luz e paz participam do Ser divino, não são "criadas", somente as trevas e o mal o são, a fim de oferecer o livre arbítrio ao Humano. Nem o anjo, nem a besta conhecem essa escolha da consciência moral.

aproveitar sua existência no seio de um casal ou de uma sociedade permanecem como forças ativas e recompensadoras. Igualmente o versículo "Tu amarás o Eterno, teu Deus, de todo teu coração" (Dt 6,5) [25] se diz (TB *Berakhot* 54 a): "Tu amarás o Eterno, teu Deus, com suas duas inclinações". *Todo o teu coração*: a totalidade das pulsões do teu coração (*eros* e *thanatos*; prazer e ágape). Compreendamos: que teu egocentrismo não te afaste do amor de Deus (que também te criou) e que teu altruísmo seja alimentado pelo amor de Deus (e não por alguns bons sentimentos naturais). Ao homem, como *homo religiosus,* (Caim é um), cabe o saber dominar seu animal interior sempre pronto a atacar para sua própria satisfação. O que antes aparecia como injustiça divina se entende agora como despertar da consciência do mais velho, convidado verdadeiramente a "se levantar" e a abençoar.[26]

Caim ouve o apelo, mas irá ele integrá-lo na sua relação com Abel? Escolherá ele o *tov,* o bem, à imagem de Deus, *o Bom que faz o bem*? Dominará ele sua animalidade? Ou ainda sua possessividade, ou sua dimensão de *Caim* prevalecerá?

As palavras do silêncio

Deus falou a Caim, Caim falará a Abel? O específico de uma palavra profética consiste a se prolongar por uma comunicação aos homens. O *dito* se abre para o *dizer*. De onde vem a palavra recorrente com o verbo hebraico *lemor* "para dizer",[27] que apareceu desde a criação do homem e da mulher (Gn 1,22). *Para dizer* implica uma transmissão e um diálogo. Deus fala para que nós nos falemos, para que nos fraternizemos, para que nós nos abençoemos. Caim irá, portanto, falar, dialogar e também desarmar sua cólera e seu abatimento? Até agora, ponto de diálogo entre os irmãos, em qualquer caso suficientemente significativo para que a Torá o mencione. E eis que uma esperança de palavra se esboce no

---

[25] A Torá poderia ter se limitado a dizer "tu amarás o Eterno" – como ela diz "tu amarás teu próximo" – mas ela acrescenta "de teu coração".
[26] Midrash Rabba: "*Se tu te aperfeiçoares*: tu elevarás tuas mãos para abençoar como mais tarde Aarão (Lv 9,22).
[27] Mais de 900 vezes na Bíblia.

versículo seguinte ao apelo divino: "E disse Caim a Abel, seu irmão; e foi, quando eles estavam no campo, e Caim se levantou contra Abel, seu irmão, ele o matou."

Duplicado está "Abel, seu irmão", esperança dupla de fraternidade? Esperança de diálogo também: "E ele disse, Caim a Abel, seu irmão"; mas aqui os Massoretas colocaram o equivalente de um ponto e vírgula.[28] Por que? Pois o versículo não apresenta complemento algum de objeto direto. As aspas teriam sido abertas e fechadas imediatamente, não abraçando palavra alguma. Discurso silencioso. Para não dizer nada, para nada dizer.

O versículo continua, no estilo rápido do redator: "E foi, quando eles estavam no campo, e Caim se levantou contra *Abel, seu irmão* e ele o matou". No início do versículo, Caim disse a "Abel, seu irmão"; no final do versículo, Caim o matou. O nome do mais novo desapareceu, no coração de uma fraternidade assassinada. Em todo assassinato, o nome, o *shem*, desaparece.

Notemos que o assassinato se desenvolve num campo, longe dos pais, num lugar onde os predadores podem agir impunemente, onde a *cobra* rasteja (Gn 3,14). O animal *espreita à tua porta* prevaleceu sobre o humano convidado a abençoar seu irmão com as mãos da paz. Deus não havia dito a Adam, macho e fêmea: "Dominem sobre os animais" incluindo também – e sobretudo – o animal interior? A animalidade de Caim jorrou brutalmente, ferozmente eliminando Abel do cenário da História. Primeiro assassinato, fratricídio tristemente fundador, cuja fundação de Roma, origem de nosso Ocidente, se tornará o eco.

Três causas do assassinato

O Midrash, expressão do imaginário transbordante dos rabinos, propôs três causas para esse fratricídio:
1. *Primeira causa*: A reivindicação de seu direito. Caim e Abel partilham o mundo. Caim o agricultor, gera a terra, Abel o pastor, se ocupa dos ovinos. Em vez de viver em complementaridade cada

---

[28] Trata-se de um *at na'h* em forma de ç, que marca a metade do versículo. Ele corresponde ao nosso ponto e vírgula, aqui ele sugere pontos de suspensão.

um reivindica seu prazer. Caim diz a Abel: "Esta é minha terra, vá para longe!" e Abel lhe responde: "Tua túnica, é feita da minha lã, tira a túnica". Viver sem a solidariedade da partilha gerará uma guerra fria ou guerra quente.
2. *Segunda causa*: O lugar do Templo. Caim diz: "O Templo será construído em meu território". Abel lhe responde: "Isso será no meu". O Templo símbolo das verdades religiosas que cada tradição reivindica de maneira exclusiva.
3. *Terceira causa*: Uma mulher. Abel nasce com uma irmã gêmea. Caim diz: "Eu sou o mais velho, ela é minha" e Abel responde: "Eu nasci com ela, ela é para mim."

No fundo dos conflitos estão as causas econômicas, religiosas (ideológicas) ou passionais. E a História das guerras bem se resume a essas fontes, mesmo a *guerra de Troia* com a bela Helena.

Um Deus que questiona

O Eterno falou a Caim antes do assassinato, o Eterno lhe falou após, e sempre perguntando. Deus não o acusa imediatamente; Ele prefere entrar em relação com Sua criatura. Pois o diálogo não é rompido pelo assassinato.

"Onde está teu irmão?". Deus não saberia disso? Deus não sabia onde Adão tinha se escondido após o consumo do fruto? Ao fazer as questões divinas convida o homem a se questionar e a aceitar suas faltas. "Onde tu estás?" significa: "Onde tu estás em tua humanidade?" e "Onde está teu irmão?" significa: "Onde estás em tua fraternidade?".[29] Duas questões que jorram em toda consciência moral após uma falta, e que Israel se coloca particularmente durante os dias de arrependimento (*teshuvá*) entre Rosh Hashaná e Kippur.

No fundo, diante do Misericordioso, bastaria confessar e assumir suas falhas. Mas nem Adão, nem Caim confessam, eles preferem a esquiva. Caim responde: "O guarda de meu irmão, sou eu?" O hebrai-

---

[29] Cf. a questão de Deus a Jonas no final da narrativa epônima em "Elias e Jonas, profetas ao extremo".

co bíblico não conhece a palavra *responsabilidade* (*a'harayut*), mas ele prefere a bela expressão "guardião do irmão". Se Caim tivesse reconhecido sua falta como mais tarde o fizeram Judá ou o rei Ezequias, as consequências teriam sido diferentes; e o Eterno teria revelado seu perdão de amor. Diante dessa negativa, Deus reage, expondo diante dos olhos do assassino os efeitos de seu gesto fatal: "O que você fez? A voz dos sangues de teu irmão grita até Mim do solo. E agora tu és maldito desta terra, que abriu sua boca para receber os sangues de teu irmão de tua mão!"

Deus inicia sua resposta por uma questão. O nome de Abel desapareceu, mas ele permanece *teu irmão* no início e no final do versículo. *Os sangues* e não *o* sangue. O Talmud (TB *Sanhedrin* 37 a) deduziu: "Quem quer que suprima uma vida, suprime um mundo inteiro, mas quem quer que salve uma vida salva um mundo inteiro". Assassinando um homem, sua descendência e sua história morrem com ele. O assassino prolonga seu gesto até o final dos tempos. Essa terra matricial que deveria receber o corpo de um defunto ("pois tu és pó e tu retornarás ao pó") bebe do sangue da vítima, de seus filhos que não verão jamais o dia. Caim fechando-se à fraternidade vai se fechar na sua errância.

A violência no mundo de Deus

Constatemos que neste mundo de Deus, a violência apareceu imediatamente como um dado da História. O mundo de Deus se torna o teatro do ódio, do ciúme e do fratricídio. Muitos dos nossos contemporâneos colocam essa violência como postulado do seu ateísmo: se um tal mundo existe, Deus não existe. O Hebreu situa a questão em outro lugar: já que no mundo de Deus, o fratricídio permanece possível, como costurar a fraternidade?

Por que um tal mundo procede do Bom Deus? Por que a barbárie? Moisés, Jó e mesmo Jesus sobre a cruz lançaram a questão diante da face de Deus. A resposta (sem ser pacificadora) se encontra nesta incompletude do mundo, onde a liberdade humana permanece total, liberdade para amar ou para odiar, de colocar bombas ou de salvar vidas.

Primeira errância

> Agora, pois, maldito sejas tu desde o solo, o qual escancarou sua boca para tomar os sangues de teu irmão por tua mão. Quando trabalhares o solo, este não dará nenhum acréscimo a teu esforço. Errante e fugitivo serás sobre a terra!"

Após a falta de Adão e Eva, a terra recebeu uma primeira maldição – significando na Bíblia uma perturbação, até mesmo um bloqueio, da circulação da vida divina. Os cardos e espinhos obrigavam então o ser humano a separar o grão e o joio. De modo algum, cardos e espinhos podem veicular bênçãos (chá de ervas por exemplo), mas no caso de um trabalho agrícola, elas aumentam a necessidade da separação entre o *bom* e o *mau*.

Mas eis que após o *pecado original* – esse crime contra o Homem – Caim se encontra maldito. Concretamente, a terra não oferecerá mais nada, nenhuma vitalidade ao primeiro assassino. O trabalho da terra, comparado ao trabalho de parto, não oferecerá gestação alguma. Ao suprimir a vida de seu irmão, Caim suprimi a vida da terra. A boca fechada de Caim fecha a boca do solo.

Essa terra, encharcada do sangue de Abel, recusará de oferecer até mesmo espinhos. Esterilidade e desolação para um Caim solitário que deve de agora em diante vaguear sem encontrar quietude. O sedentário assume então a condição de nômade, aquela do irmão que não voltará mais. Lógica da "medida por medida" de que já falamos. Caim, em errância de fraternidade, vai então gritar de medo.

Despertar da consciência

> Caim disse ao Eterno (YHWH): 'Minha culpa é grande demais para suportá-la! Eis que hoje me expulsaste da superfície do solo. De tua presença me esconderei, serei errante e fugitivo sobre a terra. Acontecerá que qualquer um que me encontrar me matará!'.

Mutismo de Adão e Eva após sua condenação. Silêncio de Abel, até ao seu fim trágico; somente permanece a voz dos seus sangues gritando das profundezas do solo matricial. Caim, ele, ousará a réplica diante de Deus, abrindo os olhos sobre sua recusa de fraternidade. Ele escancara em cascata as consequências do seu gesto fatal: repúdio da terra; velada a face divina; errante sobre um solo infértil; assustado pela agressividade dos homens e dos animais. Ele toma consciência que a violência gera a violência, o assassino criando as condições de seu próprio assassinato.

Caim experimenta o medo sob todas as formas. Em análise, trata-se menos de um reconhecimento da falta contra Abel – como mais tarde fará Judá diante de Tamar ou Davi diante de Urias – mas de um reconhecimento de si mesmo. Remorso, portanto, na ausência do arrependimento. Caim compreende as implicações de seu próprio nome, desta dimensão da *posse* (קנה) que vai até ao *ciúme* (קנא). Ele descobre que ao assassinar seu irmão, ele assassinou a si mesmo, de onde veio sua declaração comovente: "*grande demais é a minha culpa para suportá-la*". O Midrash escuta este versículo em forma de interrogação: "Minha iniquidade é ela tão pesada para carregar por Ti meu Deus, Tu que carregas o Céu e a Terra?".

Se esta leitura não traduz o sentido literal, ela descreve bem a psicologia de um homem perdido que não consegue encontrar reconforto a não ser em Deus, o Misericordioso. Jogar-se nos braços do divino Pai permanece a única alternativa para aquele que se assassinou assassinando seu próximo.

Caim não espera por um milagre, ele espera por um adiamento. O Eterno responderá nesse sentido, confirmando que não existe fatalidade bíblica, e que o ser humano pode sempre construir, mesmo após as piores destruições.

A prorrogação de Deus

"O Eterno lhe disse: '*É por isso que quem quer que mate Caim, será vingado sete vezes.*'[30] E o Eterno colocou sobre Caim um sinal para que ninguém, ao encontrá-lo, o ferisse".

A ideia de vingança causou muito derramamento de tinta ao se escrever e fazer referência ao *Deus vingador* da Bíblia. Mais uma vez, a

---
[30] O assassino perderá sete membros da sua família.

tradução distorce o significado. Pois o *nokem* evoca o Retificador da lei desrespeitada (verbo *lakum* = levantar), e não o demiurgo colérico e exaltado. Além do mais a etimologia latina de "vingança" significa também "exigir justiça".

Essa ideia de retificador do direito do infeliz se encontra muitas vezes presente nos profetas. Ela participa da procura da justiça e da verdade, duas colunas fundamentais para garantir a liberdade das pessoas. De fato, Deus não deseja a morte de Caim, não deseja a morte do pecador (Ex 18,22), mas concedendo *sete vidas* a Caim, Ele oferece uma prorrogação para corrigir o crime, a fim de erguer a cidade fraterna, a cidade de Deus.

Essa prorrogação será confirmada por um sinal, do qual não se sabe nada,[31] mas que protegerá Caim de toda agressão. Quem quer que seja, o tempo lhe oferecerá e transmitirá a misericórdia divina para reparar os erros. Isso deixará a possibilidade para as gerações futuras de fazer o *tikun* dos Cabalistas, a *reparação* das faltas passadas e melhorar o futuro. A história das gerações permite a um descendente de reparar a problemática dos pais, para corrigir o que foi perdido.

Taré rendia um culto aos ídolos, mas deste idólatra nasceu Abraão, pai do monoteísmo. A filha do faraó, aquele que tinha decretado a morte dos bebês hebreus, salva Moisés e recusa o projeto genocida de seu pai. Será que Caim saberá acolher essa bondade divina?

A saída de Caim

"E Caim se afastou da presença do Eterno (YHWH) e se instalou na terra de Nod, à leste de Eden".

Caim se afasta da *frente do Eterno*. Ele faz sua saída como a de um ator quando a cortina desce. O texto sugere aqui uma ruptura entre o homem e Deus, enquanto o justo bíblico assume sua vida em *frente do Eterno*. Com a ruptura com o Céu, Caim prefere construir sua existência, se *instalando* na terra de Nod. Curiosa situação por que rompe com o ve-

---

[31] Um Midrash propõe que Deus lhe deu uma letra do Seu nome como proteção, um outro que lhe oferece um cachorro para prevenir um perigo, outro considera que Deus lhe colocou a coragem no coração.

redito da errância. A menos que seja necessário entender o próprio nome de *Nod,* essa errância *(nad)* anunciada. Cain se instala geograficamente, mas permanecerá vagueando na sua terra interior como ouvirá Victor Hugo em *A consciência*. Quanto à expressão *à leste do Eden,* ela revela a distância suplementar do Eden original, distanciamento do divino Pai.

A linhagem de Caim

"E Caim conheceu sua mulher, ela engravidou e deu à luz Henoc. Tornou-se um construtor de cidade; e deu à cidade o nome do seu filho Henoc".

Caim inaugura uma nova vida pela união com sua mulher de nome desconhecido. Sabendo que a terra nega a oferecer seus frutos, o homem dos campos se torna o homem da cidade. Nascimento da civilização urbana com um rosto humano, pois tem um nome humano. De fato, Caim nomeia sua cidade com o mesmo nome do seu filho: Henoc, nome altamente explícito pois significa "educar".[32] Além da megalomania dos feitos (Roma, Alexandria, Constantinopla, etc.), Caim carrega consigo o projeto de uma educação à fraternidade? Arrependimento?

Podemos até esculpir sobre as fachadas das prefeituras e das escolas: "liberdade, igualdade, fraternidade", sem ensinamento concreto, esses valores permanecerão letra morta. E a violência e a morte farão o seu caminho, de uma geração à outra, até ao ponto do não-retorno, segundo uma leitura midráshica: "Rabbi Josué, filho de Levi ensina: todos esses nomes expressam a rebelião contra o Santo, Bendito seja Ele" (Gênesis Rabbá 23,2).

- Henoc gerou *Irad* "burro selvagem", refratário a toda educação.
- Irad gerou *Me'huyael* chamado *Me'hiyael* "apagador de Deus".
- Me'hiyael gerou *Metushael* "Enfraquecedor de Deus".
- Metushael gerou *Lamekh,* tradução incerta, mas que desconstruindo *melekh* (rei), anuncia a recusa da realeza divina.

Biblicamente a rejeição da realeza divina significa a rejeição da fraternidade. Ora a fraternidade se costura com a aceitação de uma trans-

---

[32] Cf. Pr 22,6: "Eduque o adolescente quanto ao caminho a seguir; e ele não se desviará mesmo quando envelhecer".

cendência parental. Se os filhos recusarem o "peso" (etimologia de "respeito" em hebraico) dos pais, como salvaguarda da pulsão da vida, o fratricídio arrisca sim obscurecer o horizonte.

Primeira bigamia

> Lamekh tomou para si duas mulheres. O nome da primeira era Ada e o nome da segunda era Tsila . Ada deu à luz Yabal. Ele foi pai de todos que residem em tenda e que têm gado. O nome de seu irmão era Yubal. Ele foi pai de todos que tocam cítara e flauta. Quanto à Tsila, também ela deu à luz Tuval Caim, afiador de todo instrumento de cobre e ferro; a irmã de Tuval Caim era Naama.

A Torá quebra o ritmo homogêneo das genealogias para iluminar um aspecto da vida de Lamekh. Pois na 7ª geração, algo novo apareceu: a bigamia. Rompendo com o projeto de Deus que havia criado somente uma mulher para o homem em vista de um diálogo fecundo, Lamekh toma duas esposas com dois nomes eloquentes, segundo o Midrash (Gênesis Rabbá 22,3) relatado por Rashi.

> Duas esposas: este era um costume da geração antes do dilúvio: uma esposa para procriar e outra para o prazer. Esta última tomava uma bebida esterilizante (depois da última gravidez dela), então se vestia com roupas finas como uma noiva e comia iguarias; a primeira permanecia humilhada e enlutada como uma viúva. *Âda: trata-se da Deixada de lado* segundo o aramaico, "empurrada para longe". *Tsila,* é a *Sombreada,* que permanecia à sombra de seu marido para lhe dar prazer.

O marido, a mulher e a amante, bem antes Feydeau! A relação conjugal esperada pelo Criador desapareceu em proveito de uma visão machista: assegurar a posteridade do homem enquanto permite sua diversão. O projeto do casal monogâmico se fragmenta em componentes utilitaristas.[33] Como a preocupação da fraternidade poderia germinar num contexto psicológico tão caprichoso?

---

[33] Nas bênçãos do casamento, o oficiante invoca sobre o casal: "amor, fraternidade, paz e amizade", que expressam os aspectos físicos, psicológicos e éticos provenientes de Deus.

Âda, a mulher relegada "à roca de fiar", terá dois filhos, o primeiro se apegará à tenda do pastor e dos rebanhos. Seria esta uma vida pastoril à maneira de Abel, depois de Jacó (Gn 25,27) e de Moisés (Ex 3,1)? O termo *mikné* "rebanho", do versículo 20, revela o verbo K.N.H (mesma raiz de Caim) e remete à aquisição dos bens.

Yabal não se identifica ao nômade (Abel) mas ao sedentário (Caim) inaugurando o comércio.³⁴ Yaval representa o *rato das cidades* contra o *rato dos campos*, esse *pai* funda uma nova relação com o mundo. Yubal, seu irmão, se dedicará à arte musical.

Quanto à Tsila, ela gerou *Tuval Caim*, que evoca Vulcano, que não conseguindo realizar as forjas do Inferno, investe no trabalho de cobre e de ferro. A Bíblia descreve em sua linguagem como a civilização se sedentariza em torno do habitat, do comércio, do trabalho dos metais, e das celebrações que lhes são associadas.

Notemos que esses três nomes permanecem (voluntariamente) muito próximos: Yaval, Yubal, Tuval, todos relacionados, em hebraico, à ideia da produção econômica. Permaneceremos na atmosfera de Caim até o fim; Tuval Caim, referindo-se à imagem de seu ancestral pela fabricação das armas que geram os fratricidas de antes do dilúvio.

Permanece a "Agradável" Naama. Os rabinos discutem: os otimistas aí veem uma mulher *agradável* pelas suas virtudes, esposa de Noé, salvando a honra de Caim. Os pessimistas a consideram como a primeira prostituta, que alegra o coração dos homens à procura de emoções fortes no meio das cidades anônimas.

Lamekh, o novo assassino

> Lamekh disse a suas mulheres: "Ada e Tsila, escutai minha voz; mulheres de Lamekh, ouvi minha promessa porque matarei um homem por me ferir, e uma criança por me machucar. Porque sete vezes Caim é vingado; Lamekh, porém, setenta e sete vezes!".

Passagem enigmática. Lamekh teria eliminado um pai e seu filho? Expressava seu arrependimento? É ele um assassino voluntário (mes-

---

³⁴ Em Gn 46,34 está dito que os Egípcios desprezavam os "pastores de pequenos rebanhos", vistos como *nômades,* enquanto eles próprios possuíam rebanhos (Ex 9,4 e Gn 46,32). O antissemita e o xenófobo odeiam os desenraizados.

mo verbo "matar" utilizado no assassinato de Abel) ou involuntário? Os produtos da cultura trazem em si o bom e o mau misturados (Internet). Walter Benjamin escreveu (*Sobre o conceito da História*, 1940): "Não existe um testemunho da cultura que não seja ao mesmo tempo um testemunho da barbárie".

Rashi narra um Midrash, que força o texto, mas dá uma trilha de leitura:

> *Escutai minha voz:* Elas se afastaram dele pois ele tinha matado Caim e Tuval Caim seu filho. Lamekh era cego e Tuval Caim o guiava. Esse último viu Caim de longe e pensou que era uma fera, ele pede a seu pai que atirasse uma flecha que matou o avô. Quando Lamekh o soube, ele bateu e matou seu filho. Então suas mulheres se distanciaram dele, e ele suplicava a elas (para voltarem).

Mito rabínico que relembra aquele de Édipo. Esse filho de Laio e Jocasta matara seu pai, esposara sua mãe, antes de arrancar os olhos por causa do seu parricídio e seu incesto. O Midrash considera o humano cego *antes* do crime porque cego por causa da luz divina.[35] Os rabinos veem em Lamekh um ponto de convergência final da violência de Caim. De longe, Caim parece um animal; ele não conseguiu humanizar sua pessoa, e ele não pôde (ou quis) educar (*hanokh*) à fraternidade sua própria raça. Desde então, os animais se tornam as presas de um ser humano predador, cego ao projeto divino referente à gestão ética do mundo.

Independentemente deste midrash, o assassinato de Caim leva a um duplo assassinato, que nos prepara para uma violência generalizada que justificará o dilúvio. O assassinato gera o assassinato e o mal conduz ao mal. Eles (os malvados) estão prontos, mas nada está indo bem.

A civilização de Caim produziu a técnica e também a arte musical mas lhe falta a ética, o valor do nome do ser humano em nome de Deus. Contudo, a Torá não podendo, por escolha de escritura, se deter sobre uma visão pessimista da História, vai então retornar para Adão, desapa-

---

[35] Sobre o versículo "O Eterno Deus vestiu o homem e sua mulher de uma túnica de pele (*or*)": O Midrash joga sobre a palavra *or* = luz e *ôr* = pele. Essa palavra *ôr* pode ser lida também como "cego".

recido após o primeiro versículo, que retoma seu papel de genitor. Por onde passará a salvação?

A linhagem da esperança

Adão conheceu novamente sua mulher, e ela deu à luz um filho e chamou seu nome de Set: "Porque Deus pôs para mim outro descendente no lugar de Abel, que Caim matara". E para Set também nasceu um filho; e chamou seu nome de Enosh. Neste tempo se começou a invocar o nome do Eterno (YHWH).

Pode-se substituir um filho assassinado? No máximo, investir no recém-chegado a esperança primordial, sobretudo aquela da mãe que o nomeia. A mulher, futuro do homem. Set, linhagem de salvação, de cuja descendência virá Noé.

Começo da invocação de Deus, retorno à vontade do Pai que espera a fraternidade dos filhos. A menos que, segundo a leitura midráshica narrada por Rashi, trate-se de uma *profanação* do nome divino, segundo a ambiguidade da palavra *hu'hal*. "Então profanamos o nome de Deus, dando-o aos homens e às árvores". Todo começo traz em si mesmo a ambivalência, o bem e o mal misturados, à imagem de todas as revoluções humanas.

2.2 Ismael e Isaac

A história de Abrão – se se tornará Abraão – começa após a diáspora de Babel (Gn 11). 70 línguas, 70 famílias da terra, 70! Número do universal. Deus quis fazer de Abraão o pai de uma nação (*goy*), a 71ª, à vocação sacerdotal: "Todas as famílias da terra serão abençoadas por ti" (Gn 12,3): e após a *amarração*: "E todas as nações da terra serão abençoadas em tua descendência" (Gn 22,18). A mensagem ética e religiosa do patriarca consiste em suscitar a fraternidade entre os povos. Ele traz em si a promessa de uma "dinastia de sacerdotes" (Ex 19,6), mesmo que, por enquanto, Sarai – que se tornará Sarah – seja estéril (Gn 11,30).

Essa promessa não se realizará imediatamente. Entre as promessas divinas e o seu cumprimento, o ser humano passa pela prova da paciência. A fé de Abraão consistirá em crer Deus[36] quando Ele lhe anunciará uma posteridade de suas entranhas (Gn 15,6).

Os anos passam. Sarai constatando sua infecundidade e sua velhice (75 anos) opta por um *plano B*, um outro modo.

Falta pela impaciência! Como mais tarde no pé do Monte Sinai, quando Moisés tarda a descer. Falta de muita humildade também: "Poderia ser talvez que eu não seja digna de ser a primeira matriarca de Israel. Deus prometeu a meu marido, não a mim!". Deus fala aos homens, raramente às mulheres.

Misoginia celeste? Alguns denunciam a Bíblia por esta discriminação. Pensamos de outra forma que Deus fale *a Um,* a fim de que *o Um* fale *ao Outro*. O Eterno inicia uma palavra, mas ouvi-la para fazê-la circular. Moisés escuta para dizer a Israel. Jonas escuta para dizer à Nínive. Já Adão escuta para dizer à Eva. Desafio do diálogo, desafio da fraternidade, do início ao fim da história. O silêncio de Deus à mulher convida o homem a dizer para a mulher a palavra divina.

Sarai, muito impaciente ou muito humilde ou muito em dúvida, toma uma dolorosa decisão: ela propôs Agar,[37] sua serva egípcia, como mãe de aluguel. "E Abrão escutou a voz de Sarai" (Gn 16,12). Agar "engravidou" e seu seio promissor irá provocar um olhar altivo para com sua senhora que revidará diante da humilhação.

Esquema original do conflito fraterno. A narrativa de Caim – Abel é repetida entre Sarai – Agar. Sarai, a primeira-dama, se sente rejeitada pelo Céu, quando Agar, a mais jovem, se encontra abençoada. O conflito das mulheres parece inevitável. Abrão chamado como juiz se esquiva, deixando Sarai sozinha resolver a questão. Não há solução a curto prazo. Mesmo o grande Abrão pareceu incompetente.

As tensões extremas obrigam Agar a fugir para o deserto, perto de uma fonte. A Torá faz intervir um anjo para solucionar o conflito.[38]

"Ele disse: 'Agar, serva de Sarai, de onde vens, e para onde vais?' Ela respondeu: 'Eu fujo de Sarai, minha senhora'".

---
[36] E não crer *em* Deus, que é uma questão da modernidade.
[37] Seu nome pode ser lido *haguer* = a estrangeira, a condição autenticamente humana à qual se referirá Abraão (Gn 23,4). O Midrash a apresenta como filha do faraó que declara: "prefiro que minha filha seja serva de Abraão do que princesa embaixo do meu teto".
[38] Segundo o Midrash, Abraão é tão grande que quem está ao seu lado recebe visitas angelicais: Ló, Agar, Abimelek.

A dupla questão do anjo lembra as questões de Deus a Adão e a Caim. Qual é o teu passado? Como você vê o seu futuro? Qual parte do Egito (*Mitsrayim* = estreiteza dupla) trazes dentro de ti? Como tu consideras uma relação fraterna para sair do conflito? Agar responde na imediatez da sua existência, sem se dar conta de que ela mesma foi capaz de despertar a cólera e a tristeza de Sarai através de uma atitude muito ostensiva, como mais tarde José se exibia em sua túnica diante dos seus irmãos.

> O mensageiro do Eterno lhe disse: 'Volta para tua senhora, e seja humilde sob a sua mão.' O mensageiro do Eterno lhe disse: 'Multiplicarei, Eu multiplicarei tua semente de tal forma que ninguém a poderá contar'.

Agar recebe duas respostas distintas, introduzidas por: *O Enviado do Eterno lhe disse*. Em relação à Sarai (seu passado) ele aconselha a escolher a humildade, a discrição, antes do que a ostentação e a condescendência. Esforços morais incontornáveis para um bom viver juntos.

Em relação ao seu filho (seu futuro): ele promete uma descendência numerosa, sinal da bênção divina: "Eis que estás grávida e darás à luz um filho e chamarás seu nome Ismael (Yishmael), porque o SENHOR escutou tua opressão".

A terceira resposta anuncia o nome de Ismael, escolhido pelo Céu; nome teóforo, literalmente "Ele escutará Deus". A identidade ismaelita se encontra biblicamente fundamentada por esta escuta de Deus, que o pacificado muçulmano escuta na sua oração, cinco vezes por dia.

Agar acolhe esta promessa e se sente reconhecida e "vista" na sua opressão. Também ela nomeia o local do encontro: "O Poço do Vivente que me vê". Voltando à casa de Sarah, em atitude mais humilde, ela dá à luz ao nascimento de Ismael, no 86° ano de Abrão (Gn 16,16).

Treze anos se passaram antes que Abrão recebesse um novo apelo divino: a aliança da circuncisão, a *berith milah*. A primeira aliança, arco no céu colocado no firmamento, comprometia Deus a não mais enviar o dilúvio de água sobre Sua humanidade, destacando logo o valor da harmonia das cores, e, portanto, aquela das culturas e das línguas de Babel. Desta vez a aliança implica o compromisso do homem diante de Deus. Passagem do antropocentrismo para o teocentrismo, especificidade da Lei de Israel.

Até lá, Deus tinha pedido uma mudança de lugar e a fé numa promessa: agora a mudança se realizará no corpo do patriarca, em seu nome e no nome da sua esposa. O vínculo com a terra e com a sua descendência aconteceria através do relacionamento com sua esposa? Já não seria bastante ter considerada sua mulher como sua irmã (Gn 12,13; 20,12)?

O que significa etimologicamente *berith milah*?

A *berith* antes, através das suas duas primeiras letras B.R. remete à exteriorização (*gerando o filho* em aramaico), ao mesmo tempo que criação (B.R.H.). A aliança "cortada" entre dois parceiros, envolve destacar as forças potenciais de cada um, em vista de criar, gerar um projeto comum. Idealmente, Deus convida o Homem a construir Seu Reino aqui embaixo, pelos caminhos do direito, da justiça e do amor.

Milah da raiz *mul*, remete ao "em frente" e portanto ao face à face. Ela não é castração, mas desvelamento da glande, nomeada "cabeça do justo" no Zohar. O falo, assumido na sua nudez, e sem a proteção do prepúcio, remanescente do revestimento animal, encontrará então a nudez da mulher, *a Outra*.

A esta circuncisão do corpo masculino se acrescentará a mudança dos nomes: Abrão em Abraão e Sarai em Sarah. Ao mesmo tempo que o patriarca se encontra plenamente virilizado, ele recebe a letra *he*, letra do artigo definido tanto quanto o do feminino; como se a afirmação da virilidade masculina não devesse jamais ocultar o *alter-ego* feminino, segundo o projeto divino original. Quanto à Sarai, que carrega o *yod* fálico[39] no final do seu nome (letra central em *Ish* = Homem), aqui temos a Mulher *Ishá*, e potencialmente "mãe da vida" segundo a declaração de Adão e Eva. Abraão e Sarah se encontram na postura do primeiro casal, face a face diante de Deus, segundo nossa leitura triangular.

Deus confirmará essa relação nova pelo nascimento de um filho por Sarah, provocando o riso de Abraão; riso de alegria tanto quanto de espanto. O patriarca compreende, portanto, que a bênção passará por esse filho do riso (Isaac), como ela passou por Abel em frente a Caim; daí a demanda urgente pelo status de Ismael na fraternidade e no projeto

---

[39] A Cabala nota que o *yod* (de Sarai), vale 10 e está dividido em 2, seja 2 vezes na letra *he* (5) repartida entre Abraão e Sarah.

divino (Gn 17,18). Que tal a impaciência e estratégia de Sarah? E sobre Deus, tranquilizando o pai, assegurando a bênção anunciada a Agar: a imensa posteridade de seu filho Ismael, que passará por 12 príncipes, em paralelo às futuras 12 tribos de Israel?

Abraão tranquilizado assume então o apelo divino, ele se circuncida, e com ele Ismael e seus servidores (Gn 17,25-27), atraindo no seu amor a Deus, essa primeira comunidade monoteísta.

No capítulo seguinte, três visitantes, três enviados do Céu, confirmam à Sarah o anúncio feito à Abraão, o nascimento de um filho no seio de uma velha senhora. Ela riu, como Abraão tinha rido também, e a criança será chamada *Yitshak* "Ele riu". Dimensão do riso na relação com Deus. Um modo de desarmar a violência dos fanáticos que não sabem rir? Prelúdio ao humor judaico que sabe rir com Deus?

No ano seguinte, o menino inesperado, a criança do milagre, se bem que toda criança o é, nasceu. Abraão tem 100 anos, Sarah 90, 25 anos que eles tinham deixado a sua pátria. A família Abraâmica se encontra portanto composta de um pai, duas esposas-mães e de dois filhos, dois meio-irmãos: *Ele riu* e *Ele vai escutar a Deus*.

Circuncisão de Isaac aos 8 dias, rito que se tornará Lei em Levítico (12,3), depois o desmamar da criança numa grande festa, e em presença de Ismael.

"E Sarah viu o filho que Agar, a egípcia tinha dado à Abraão, rindo" (*mets'a'hek*).[40]

O futuro da família vai acontecer em torno dessa palavra "rindo", em torno desse rir no presente, que somente parece Sarah ver. Ela detecta, como sugerem alguns mestres do Midrash, os sinais precursores de uma libertinagem, de violências assassinas, até mesmo idolatria? O rir no presente não é impudico num mundo inacabado, e não deveria ser reservado para um futuro melhor? Teria ela medo de que Ismael reivindique uma superioridade sobre Isaac, como antes Agar grávida se mostrou arrogante? Ou essa risada no presente não lhe mostra a própria falha de não ter sabido esperar por esse filho que irá rir no futuro? E *sobre* a herança, material e/ou espiritual do patriarca? E sobre a herança da terra de Israel?

---

[40] Forma *piel* intensiva, que significa um rir sem restrição.

De qualquer forma, Sarah exige a expulsão de Agar e de seu filho.[41] Não se trata de um conflito fraterno, mas sim de um conflito entre esposas.

"Essa palavra, porém, pareceu muito má aos olhos de Abraão, por causa de seu filho."

Abraão recusa perder um dos seus filhos. Ele e Sarah devem assumir essa união com Agar. Dilema. Sarah do lado do rigor, Abraão do lado da misericórdia. Quem decidirá? Deus. Ora em Gênesis, Deus se encontra sempre do lado das matriarcas contra os patriarcas, e "o que uma mulher quer, Deus quer".

> Mas Deus disse a Abraão: 'Quanto ao jovem e a tua serva, que isso não pareça mal aos teus olhos. Tudo o que Sara diz a ti escuta a voz dela! Porque por Isaac será chamada tua semente'.

Deus coloca Abraão diante da sua própria lógica: assim como ele *escutou a voz de Sarah* para se unir a Agar, agora escutará *a voz de Sarah*, sem consideração afetiva ou marital, e isso, em nome de uma vontade transcendente. Esse texto já nos prepara aos ensinamentos de Jesus.

Mas se, segundo o Talmud, "a mão esquerda empurra para trás, a mão direita aproxima", diante do rigor do repúdio responderá a misericórdia divina para proteger a mulher e o filho durante a travessia do deserto, como os Hebreus durante os quarenta anos. Então Abraão se consolará por esta promessa:

"Quanto ao filho da serva, também o tornarei uma nação, pois é a tua semente."

Aqui está resumido a nossos olhos, o plano narrativo da fraternidade entre Ismael e Isaac. Uma fraternidade ocultada porque muito cedo separadas. Jamais na Torá, Isaac e Ismael dialogam, nem mesmo uma tentativa. E portanto, um e outro são anunciados pela voz do Céu; um e outro receberão a bênção divina. Como *Ismael* foi nomeado pelo anjo, assim também Jacó mais tarde, será nomeado Israel.

Desde o início, Ismael e Isaac se encontram envolvidos numa relação indelével por vontade divina. E se cada um tivesse que se confrontar com a verdade de seu *Outro*?

---

[41] Nachmânides (Século XIII) escreveu: Sarah cometeu uma falta grave contra Agar, e por causa dela, os filhos de Ismael estarão sempre encolerizados contra os filhos de Israel e os farão pagar.

Texto premonitório para nosso tempo desse encontro difícil entre os filhos de Isaac e os filhos de Ismael. Conflito israelita-palestino em torno da terra de Israel/Palestina, ao qual se acrescenta o ódio dos Ismaelitas mais radicais. Mas temos dito, não há nada de trágico na Bíblia.

Qual pista a Torá nos sugere então para uma reconciliação possível? Um pode ser...

Sarah morre. Abraão se preocupa com o casamento de Isaac, enviando seu fiel servidor de ir procurar uma esposa na família de origem em Harã (Síria). Isaac nascido em Canaã não deixará jamais essa terra. Quanto aos casamentos com os idólatras Cananeus, Abraão os afasta. O capítulo 24 de Gênesis relata com grande detalhe a descoberta da esposa virtuosa: a bela Rebeca, *Rivka*, aquela que vai assumir o comando da segunda geração da identidade de Israel em gestação. Seu primeiro nome "acoplar" sugere que ela caminhará com Isaac, e que ela lhe permitirá ligar-se à aliança com Deus.

Mas o que Isaac faz enquanto espera? O final desse longo bloco monolítico nos rolos da Torá responde a essa questão: "E Isaac veio do Poço do Vivente que me vê" (24,62). Isaac *vem e vai* (diz o hebraico) do lugar onde Agar recebeu o anúncio de Ismael. Na sua solidão ninguém a viu. Pessoa alguma, menos o Deus Vivente. E hoje Isaac procura essa face de Agar, a perdida. *Aquele que rirá* no futuro, por causa das dores do mundo presente, talvez sinta a aflição da serva da sua mãe. Escutou ele as lágrimas dela? A sede de Ismael (Gn 21,17)? Enquanto ele vai construir sua própria linhagem, Isaac pensa na mãe do seu meio-irmão? Entre o luto de Sarah e a alegria do seu casamento, o filho de Abraão pensa em outra mulher. Procurava ele ver também como o Anjo de Deus a tinha visto?

Hipótese de leitura, certamente! Mas reproduzindo nas nossas palavras aquilo que o Midrash se interroga sobre a justaposição textual do casamento de Isaac com Rebeca, acrescentemos aquele outro casamento de Abraão e Ketura (Gn 25,1). Trata-se de uma Cananeia que o patriarca se tinha autorizado ou então se trata de Agar?

Rashi aponta para essa tradição: "Ketura, é Agar. Porque Ketura 'Incensada'? Pois suas ações eram tão belas como o incenso (*ketoreth*) do Templo, e que ela tinha fechado o seu corpo a todo homem desde a sua partida da casa de Abraão".

Os rabinos imaginam Isaac indo à casa de Agar e Ismael, e pedindo-lhe para casar-se novamente com seu pai, como o servidor indo à casa de Batuel para pedir a mão de Rebeca.

Diálogo em fraternidade escondida sob o texto bíblico. Isaac, o mais novo, se viu *guardião de seu irmão*.

Emamanuel Eydoux (1913 – 1992), poeta e pensador judeu recorda que entre o árabe (ערבי) e hebreu (עברי) existe somente uma inversão de letra. Identidade de Ismael e identidade de Israel em anagrama.

Sempre sem diálogo algum expresso no texto, os dois irmãos se encontrarão em Hebron para o sepultamento do pai deles com 175 anos, enterrado ao lado de Sarah que tinha abertamente escolhido Isaac contra Ismael. Hebron, a cidade escolhida e adquirida com preço de ouro por Abraão aos filhos de Het, sem dúvida porque seu nome expressava toda a esperança do patriarca sobre o assunto dos seus dois filhos. *Hebron*, forma superlativa da *Amizade*.

Saberia Abraão que em Hebron tudo iria se resolver, e que a questão sobre Jerusalém somente seria seu eco?

"Então Isaac e Ismael seus filhos ..." (Gn 25,9). Isaac antes, Ismael em seguida, mas todos os dois filhos de Abraão.

Agar e Sarah não se reconciliaram, elas não se falaram mais. E portanto, Ismael deixou passar seu irmão diante dele, porque Isaac tinha devolvido um rosto humano a Agar.

Hoje os filhos de Ismael e os filhos de Israel, em Israel/Palestina, em diáspora, tentam *pequenos* passos, ousam *pequenos* encontros para encontrar a boa palavra, a *grande* palavra, que se tornará boa nova porque é palavra de *Um* para o *Outro*.

2.3 Jacó e Esaú

Esaú e Jacó são gêmeos, falsos gêmeos, pois o primeiro nasceu com pelos e o segundo não, e assim permanecerão. Mais à frente a Torá nos apresentará outros gêmeos, como tinha nos apresentado outros gêmeos, Farés e Zara, importantes para a linhagem messiânica (Gn 38,17; Rt 4,18; Mt 1,3).

Dois gêmeos: mesmo pai, mesma mãe, mesma data de nascimento. Não se pode ser mais irmãos. E, a partir disso, se desenvolverá agora, com a força dos detalhes, um conflito que nem Caim, nem Abel, nem Ismael, nem Isaac conheceram. Pois a escolha da bênção não passará pelo Céu (embora subentendido), mas pelos pais, e pelos filhos, eles mesmos.

Dois filhos, duas nações

Antes de tudo, Rebeca viverá uma esterilidade de 20 anos, que será acompanhada por preces ardentes de Isaac ao Eterno Deus pela sua esposa (Gn 25,21). Esterilidade nova, tempo de amadurecimento do casal, tempos de espera do divino Pai antes que Ele espalhe as suas misericórdias (*rahamim*) na matriz (*rehem*) do futuro. 20 anos de súplicas para ajustar o olhar do homem para a mulher e da mulher para o homem; para que circule a bênção divina e que um dia, uma noite, Isaac, o que ri, *faça rir* Rebeca do rir do amor íntimo (Gn 26,8).

Rebeca concebe e sua barriga cresce, numa gravidez tão insuportável quanto incompreensível. Pois nós, leitores, sabemos que não se trata ainda da mãe: "os filhos corriam dentro dela". Os filhos, e não o filho. Concorrência de identidade, já? Como não havia Ecografia, a mãe recebe uma consulta profética da parte de Deus: "Dois povos estão no teu ventre, e duas nações de tuas entranhas se separarão, uma nação será mais forte do que a outra. E o mais velho servirá ao mais novo"(Gn 25,23).

No ventre de Rebeca está em jogo mais de um duplo nascimento, mas se anuncia um duplo destino. Duas nações em gestação: os Edomitas e os Israelitas. O Midrash nisso verá os primórdios de Roma e Jerusalém.

A palavra celeste determinará a escolha da mulher; por ela, o último será o primeiro, "*E Rebeca ama Jacó*",[42] ao passo que Isaac como bom patriarca, e gourmet além disso, "*amava Esaú* (seu filho mais velho), *pois apreciava a caça que trazia a sua boca*" (Gn 25,28).

Notemos a inversão presente em relação ao texto de Caim e Abel. Aqui a mãe opta pelo mais novo, e o pai pelo mais velho, justamente porque ele traz suas ofertas gastronômicas. Rebeca sabe, por profecia,

---
[42] No particípio presente do texto.

quem é que se tornará o filho espiritual de Abraão e de Isaac, mesmo se efetivamente, ela amava os dois frutos das suas entranhas (Gn 27,45).

O caçador e o pastor

Dois gêmeos, duas morfologias diferentes decididas pela genética divina (**DNA – A**DONAI). Dois nomes circunstanciais: Esaú, *Êssav* "o feito"[43] por causa dos seus pelos que aumentam a sua tez vermelha; Jacó, *Yaakov*, "o que está no encalce, o suplantador", segurando firmemente, na sua pequenina mão, o calcanhar do seu irmão, como para ressaltar sua chegada *ex-aequo*, igualmente. Dois ofícios: Esaú, o caçador, Jacó o pastor.

Caim era cultivador, Abel pastor. Ismael era arqueiro, Isaac pastor. Esaú persegue a caça, Jacó será ainda pastor, sentado nas tendas dos beduínos. Escolha bíblica permanente do pastor que recebe os favores celestes, até Moisés e Davi. Um pastor de rebanho pode se tornar pastor de homens, como pescadores de peixes podem se tornar pescadores de almas.

Por tudo isso, não devemos interpretar mal o sentido das palavras: "o caçador e o pastor" não se dão bem, não devem se ouvir, "o ser humano mau e o ser humano bom". Trata-se de outra coisa! Duas vocações complementares se expressam na coerência da vocação hebraica: a vocação material (oferecer o comer aos homens) e a vocação espiritual (oferecer o pensar aos homens). Harmonia das vocações que se referem à harmonia do corpo (prazeres) e da alma (alegrias), e que se refletirá na harmonia das 11 Tribos de Israel (*trabalhando* pelo pão da terra) e aquela de Levi (*trabalhando* pela chuva do céu).

Esaú expressa, portanto, sua graça divina na caça, no mundo após o dilúvio, onde a carne animal vale tanto como a verdura dos campos (Gn 9,3). Mas uma tal vocação ofereceria ela um caminho melhor para assumir a mensagem de Abraão?

Por causa de um prato de lentilhas...

Uma vez que as identidades estejam afirmadas, a Torá apresenta por fim *o primeiro diálogo* entre os dois irmãos. Jacó prepara um caldo

---
[43] Seguindo a leitura tradicional a partir do verbo âsso = fazer.

de lentilhas vermelhas. As verduras no lugar da caça, já que não existe obrigação alguma de consumir a carne. Esaú chega da caça, cansado e exausto. Ele pede literalmente: "Deixa-me engolir esse vermelho, vermelho" (*adom*). É por isto, define o versículo, ele será chamado *Edom* "*Ruivo*", o Edomita. Mais tarde também Jacó receberá um outro nome, Israel, oficialmente oferecido por Deus (Gn 32,29; 35,10).

Mas aqui no lugar de obedecer fraternalmente, Jacó responde: "Venda-me, hoje,[44] teu direito de primogenitura". E Esaú reage: "Estou a ponto de morrer, e de que me serve a primogenitura?"

E ele vende, por juramento, seu título por um pão e um prato de lentilhas. O texto conclui (Gn 25,29-34): "Esaú comeu e bebeu, levantou-se e foi embora. Desprezou assim a sua primogenitura".

Texto frio, sem a menor menção de "irmão"! Para um primeiro diálogo, ficamos chocados. Cada personagem parece estar voltado para si próprio. Esaú *quis* comer, Jacó *quis* o título. Em seu tempo, Caim, o mais velho, queria ficar e reclamar o reconhecimento de Deus e de Abel, mas Esaú não tem dificuldade alguma de se livrar de sua primazia.

O que é que a narrativa quis, portanto, sublinhar? As traduções distorcem a percepção, porque *bekhora* (raiz *bekhor* = mais velho) é entendido como "*direito* de primogenitura". Mas trata-se (somente) de um direito?

A *bekhorá*, dentro da coerência da Torá, significa antes de mais nada "*dever* de primogenitura", isto quer dizer, vigilância para com o irmão, tanto quanto a fidelidade à mensagem espiritual dos anciãos. A *bekhorá* coloca diferentemente a afirmação "eu sou o guarda do meu irmão" (Gn 4,9). Caim queria ser o mais velho sem a responsabilidade fraterna que disso viria. Jacó o sabia, pois ele conhecia as narrativas da origem. Essa memória universal foi transmitida por Noé, Sem, Abraão e seu pai Isaac. O direito do primeiro implica este dever ser para o Outro. Mais tarde, Israel será eleito como uma "dinastia de sacerdotes" para propagar a bênção do Eterno Deus no meio das 70 nações. Não existem direitos que não venham acompanhados de deveres.

---

[44] Rashi: "Venda-me tão claramente como o dia".

Jacó percebe a exaustão (física, moral?) e a fome de Esaú. Ele pretende então *testá-lo*: estaria ele pronto a desistir da vocação da bênção por um prato de lentilhas (um Mac Donald's da época)? O texto confirmará o pouco interesse de Esaú para com o espiritual e o monoteísmo ético. Pois a *Bekhorá* como título de nobreza obriga. E Esaú troca seu título de nobreza, como um pai que fosse capaz de vender a sua paternidade. Teste reprovado, portanto!

Qual argumento temos contra Esaú? "Eu vou morrer". Heidegger antes da hora (o ser diante da morte). Em outras palavras: "Eu sou mortal, e após mim, nada mais. Então por que se ocupar com a educação, com o futuro, com valores?" Esaú escolheu este mundo e seus prazeres, não depois. A resposta de Jacó a Esaú seria: "Bem, eu também sei que eu sou mortal, mas me comprometo a vivificar a herança de nossos pais junto aos meus filhos". Numa linha espiritual, os ancestrais não morrem: Abraão, Moisés, Davi, Jesus são sempre vivos, pois eles vivem através daqueles que lhes reconhecem e os mencionam como modelos de vida.

Esaú e Jacó expressam aqui duas concepções da existência. Esaú afirma a morte mais forte do que a vida: "Desfrutemos!" Jacó afirma a vida mais forte do que a morte: "Transmitamos!".

Sua fome acalmada, Esaú não volta atrás da sua decisão. *E ele desprezou a primogenitura.* Jacó se torna diante de Deus e diante de nós, leitores, o detentor de um título com poucas vantagens materiais, mas aberto à honra de estar associado ao projeto do Santo, Bendito seja Ele, para humanizar este mundo.

Esaú e suas esposas cananeias

A Torá nos oferece uma segunda indicação no que diz respeito à escolha existencial de Esaú que o torna inapto a assumir a vocação Abraâmica: seu casamento com duas esposas Cananeias (Gn 26, 34.35); "Quando Esaú completou quarenta anos,[45] casou-se com Judite, filha do heteu Beeri, e com Basemat, filha do heteu Elon. Elas causaram muitos aborrecimentos a Isaac e Rebeca".

---

[45] Em hebraico, se é *filho* ou *filha* dos seus anos.

Por esse duplo casamento, Esaú toma duplo distanciamento em relação ao seu avô que tinha recusado as Cananitas para Isaac (Gn 24,3). A razão parece ser evidente: os Cananeus praticam a idolatria. Então, a escolha da esposa implica a orientação da família no sentido do monoteísmo. Rebeca e Isaac concordam claramente nesse assunto, como nós leremos:

> Rebeca queixou-se à Isaac: "Essas moças heteias estão aborrecendo a minha vida. Se Jacó se casar com uma dessas heteias do país, que me adianta viver?". Isaac chamou Jacó, deu-lhe a bênção[46] e ordenou: 'Não cases com nenhuma moça de Canaã. Vai à terra de Aram, à casa de Batuel, pai de tua mãe; e escolha lá uma esposa entre as filhas de Labão, irmão de tua mãe' (Gn 27, 46 – 28,2).

Esaú confirma, portanto, sua preferência por saciar-se de seus próprios desejos (naquela época, ele poderia, segundo o Midrash, esposar Lea, sua prima, deixando Raquel para Jacó). De fato, Esaú renova o gesto de Lamekh que tinha inaugurado a bigamia (cf. Caim e Abel Gn 4,19).

Aqui os nomes das esposas evocam o dilema do homem: *Yehudith* (Judite), a "Judia", a virtuosa, enquanto *Basemat* "Perfumada" simboliza a prostituída. Esses dois arquétipos femininos não deixam de lembrar mais tarde o ambiente de Jesus. Essas narrativas evangélicas nos mostram Jesus, *anti-Esaú* de alguma forma, que longe de desviar seu coração em direção aos ídolos, traz de volta para o Pai as ovelhas mais extraviadas.

Quanto a esse duplo casamento, ele provoca certa *amarga aflição* no coração dos pais, pois eles compreendem que seu filho mais velho não seguirá o caminho de Abraão. Pode-se imaginar a presença dessas Heteias queimando incenso diante dos totens domésticos, como nos testemunha, portanto a arqueologia...

Seu desprezo pela primogenitura, seu casamento com duas Cananeias constituem indícios da Torá para desqualificar Esaú das suas prerrogativas de primogênito. Mas poderia Jacó se valer de uma inocência total?

---

[46] Apesar da decepção, considerando que Deus o tenha permitido.

A astúcia de Rebeca

Antes do nascimento de seus filhos, Rebeca recebe a profecia anunciando que "os muitos (o mais velho) *servirá* o mais novo". Seguramente, não se trata de escravidão, mas de uma hierarquia ética: o poder de Esaú estará (idealmente) a serviço do Justo (Jacó). De fato, essa predição expressa o projeto da Torá, a saber que todos os componentes (econômicos, políticos, sociais, etc.) de uma sociedade se submetem a uma moral superior a fim de que "teu *irmão* viva contigo" (Lv 25,36). Agora o Céu tinha elegido Jacó.

Essa escolha celeste não justificaria que o velho Isaac, cego, abençoasse Jacó antes da sua morte? Ou, ele permanecesse fiel à ordem dos nascimentos. Como justificar essa escolha? A cegueira física do patriarca não esconderia uma cegueira psicológica? Isaac conhecia o conteúdo da profecia à Rebeca? Um diálogo franco no meio do casal teria evitado a astúcia. A mentalidade patriarcal impedia Rebeca de falar com Isaac? Contudo Sarah soube impor a Abraão a escolha de Isaac contra Ismael. Mas Rebeca não era Sarah. E no fundo, por sua astúcia, não queria ela demonstrar ao seu marido que se podia enganá-lo facilmente, e que os bons pratos de Esaú tinham se somado à sua cegueira de julgamento.

Isaac convida, portanto Esaú a pegar seu arco para ir procurar uma boa caça a fim de o abençoar antes de morrer. Rebeca atenta, aproveita a ausência do seu filho mais velho, disfarça Jacó em Esaú, prepara um prato segundo os gostos do seu marido, e coloca seu filho mais novo para receber a bênção. Apesar das suas dúvidas, "a voz, é a voz de Jacó, mas as mãos são as mãos de Esaú", Isaac abençoa aquele que ele considera por ser o mais velho. Quem vai à caça perde o seu lugar! Em seguida Jacó se esquiva do rosto do seu pai.

Quando Esaú chega e reclama seu direito, Isaac compreende a decepção, e sente um imenso medo antes de concluir: "que ele seja abençoado". Rebeca conseguiu impor a sua escolha, como Sarah antes dela. Aqui e lá, as mulheres fazem a História.

E Deus nisso tudo? O Redator não faz intervir o Céu quando os homens assumem o destino deles, e sobretudo quando as mulheres tomam as iniciativas. Isaac e Rebeca fizeram a escolha deles, Esaú e Jacó também. Rebeca vai dar a última palavra.

Nesse capítulo 27, a tenda do patriarca se assemelha a uma cena teatral. Esaú nela entra, Esaú dela sai; Jacó nela entra, empurrado por sua mãe, Jacó dela sai; Esaú volta em seguida, sai em cólera; Rebeca nela penetra por sua vez, antes da última vinda de Jacó que será confirmado na sua bênção paterna, antes de sair.

Sim, é Jacó que se tornará Israel, é ele que receberá o sonho da escada, é ele que lutará contra um homem misterioso para merecer sua mudança de nome, é ele que colocará no mundo 12 filhos, prelúdio das 12 tribos israelitas. Deus não intervém, a menos se considerarmos que ele permaneça atrás da cortina, deixando o tempo para que Jacó recebesse a bênção antes do retorno do seu irmão mais velho.

A psicologia de Isaac

Isaac aceita os acontecimentos tais como eles vêm, considerando que eles traduzem a vontade divina. Isaac, aquele menino que não era mais esperado, reconhece em cada momento a graça de Deus. Ele entendeu isso no cume do monte Moriah, que ele próprio seria a vítima do altar, e se deixa amarrar (Gn 22). Mais tarde, os filisteus entopem os poços que ele escavou, ele se desloca para outros lugares etc., várias vezes (Gn 26,15ss). Aqui, Rebeca e Jacó o enganam, ele não contesta. Mesmo diante das lágrimas dolorosas de Esaú, ele declara sobre Jacó: "que ele seja abençoado" (Gn 27,33). E quando ele se reencontra novamente com Jacó, não somente ele não diz nada de reprovação, mas ainda o confirma com a bênção, mesmo sabendo que Jacó corria perigo de vida. Pois Esaú, louco de raiva, queria executar seu irmão mais novo. A sombra de Caim e Abel planava sobre Esaú e Jacó.

A escolha da fuga

Diante dessa violência anunciada, nada mais resta do que a fuga. Quando a fraternidade corre o risco de cair no fratricídio, a sobrevivência dos protagonistas está em jogo em não mais partilhar o mesmo espaço. Ou de acordo com a frase de Rebeca "Por que haveria eu de perder os dois no mesmo dia?" (27,45). O *mesmo dia*? Pode ser porque o assassino morre na sua humanidade no mesmo dia onde ele executa a sua vítima? Abraão já tinha proposto uma separação de seu sobrinho Ló, por causa dos conflitos entre seus pastores (Gn 13,7). A separação aparecia frequentemente vital. Sem reuniões apressadas, as faltas carregam os contornos de nossas impaciências.

Após os conselhos de seus pais, Jacó foge para a casa de seu tio Labão, seja para dar tempo ao tempo, seja para encontrar sua esposa.

Jacó em Harã

Após ter recebido a visão da escada onde do alto da qual o Eterno lhe confirma seu firme direito de primogênito, lhe foi prometido uma descendência e a terra de Canaã (Gn 28,12ss). Jacó chega em Harã (Síria), a cidade dos antepassados. Aproxima-se de um poço, e encontra com pastores. Segue-se então um diálogo, relativamente longo, por uma cena que parece sem importância à primeira vista.

> Jacó perguntou aos pastores: 'Meus irmãos, de onde sois vós?' E eles responderam: 'Nós somos de Arã'. Ele lhes disse: 'Conheceis Labão, filho de Nacor?' – 'Nós o conhecemos', responderam eles. Ele lhes perguntou: 'Ele vai bem?' Responderam: 'Ele vai bem, e eis justamente sua filha Raquel que vem com o rebanho'. (Gn 29,4-6)

O Redator nos revela a psicologia profunda de Jacó: aqui como na casa paterna, ele procura sinceramente a *fraternidade* e a *paz*, como mais tarde o fará seu filho José (Gn 37,16). O direito de primogênito para ele e para sua mãe significava esse centro de altruísmo que sem dúvida faltava a Esaú, mesmo se esse último possuía certamente as qualidades de um jovem rapaz.

Esse curto diálogo começa por "meus irmãos". Ele inaugura, *pela primeira vez* na Torá a palavra *Shalom*, paz, como se para a Bíblia essa paz se construísse mais facilmente com os mais distantes do que com os mais próximos, pois as proximidades permanecem sempre perigosas, por causa da vizinhança das identidades.[47]

---

[47] Pensemos nos conflitos entre judeus, cristãos e muçulmanos, entre xiitas e sunitas, nas guerras civis, nas escolas psicanalíticas etc.

Estando só consigo mesmo, sem apoio algum familiar, Jacó coloca em prática os ensinamentos de Isaac e de Rebeca. Seu apostolado consiste em ensinar a mensagem Abraâmica aos outros, sem nada impor, mas perguntando. Jacó, um Sócrates monoteísta. O Midrash vem em nosso auxílio para oferecer um caminho/voz de leitura:

Também a questão *"De onde sois vós?"* não se pode limitar, na coerência bíblica, a uma simples procura geográfica. A revelação divina vale muito mais do uma troca entre turistas e nativos. Esse *"de onde sois vós"* se inscreve nas questões existenciais mais profundas enunciadas pelo próprio Deus: "Onde está tu?" "Porque estás encolerizado?" "Onde está o teu irmão?"...

Questões fundamentais sobre o sentido da vida, sobre a felicidade, e que continuam a nos interpelar.

Os pastores respondem: "nós viemos de Harã", que o Midrash percebe como "Nós viemos de *Haron*, cólera". Qual cólera? Aquela da origem, o "pecado original", a incapacidade dos homens de obedecer a Deus e a sua incapacidade em fraternizar-se, o que significa a mesma coisa para a Bíblia.

A resposta consoladora se encontra na saudação de Jacó: *meus irmãos*. Além do que está dito, a fraternidade depende de vós. O amor do próximo, e mesmo o amor do inimigo, que proporá mais tarde Jesus, depende de vocês.

Ele acrescenta: "Vocês conhecem Labão?" Conhecimento (*daat*) que significa amor em hebraico. Conhecer o outro, fazer cair as barreiras dos preconceitos e dos medos é abrir-se ao amor. "É isso a Paz?", pergunta Jacó, e os pastores, juntos, respondem: "Paz!".

Jacó usa de uma linguagem de esperança, ele introduz *ondas positivas*, ele devolve a respiração para a vida.

Mais tarde, vendo Raquel, percebendo o amor, ele rola sozinho a pedra do poço para dar de beber aos rebanhos. Simbolismo da água viva, da palavra divina que dá de beber aos homens a fraternidade refrescante.

Jacó, a volta

Depois de vinte anos passados na casa de Labão, onde Jacó foi trapaceado como ele tinha trapaceado seu pai (*medida por medida: vós sereis julgados como julgastes os outros)*; após ter desposado suas duas primas Lia e Raquel e suas respectivas servas Zelfa e Bala; após ter sido pai de onze filhos e uma filha, Jacó decide retornar a Canaã.[48] Mesmo sem redes sociais, Esaú fica sabendo do retorno de seu irmão que, à frente de um clã familiar, aumentou seu número de servos, e isso não passa despercebido. Como se dará esse reencontro?

Esaú, à frente com 400 homens, chega com seu devido direito (de primogenitura), esquecido da venda disso em sua juventude, digerido na sua memória como as lentilhas no seu estômago.

Encontro inevitável, diferente daquele que foi evitado na tenda de Isaac, então prematuro. Vinte anos mais tarde, o fruto da fraternidade poderia ser ele colhido? Com certeza, ele permanece ainda desconhecido na realidade: o Redator focalizando sobre a vida de Jacó nos escondeu sobre a outra realidade, a vida de Esaú. O que ele tinha feito?

Nosso personagem começa por preparar o terreno: envio de presentes em cima de burros adornados, ação diplomática dos emissários, reconhecimento do campo para permitir a qualquer um dos dois de fugir se for o caso... É comum escutarmos: *se queres a paz, prepara-te para a guerra*. Enfim, Jacó reza, pede a ajuda do Eterno Deus. A tradição judaica se inspirará nesse cenário: fazer humanamente o que pudermos, depois dirigir-se para o Céu, ou segundo a expressão talmúdica: "não se deve esperar o milagre!".

A angústia de Jacó

A Torá afirma: "Ele teve medo e fugiu angustiado" e Rashi acrescenta: "*medo* de ser morto, *angústia* por matar". O Rabbi de Troyes esclarece a palavra de Rebeca já mencionada: "Por que eu haveria de perder vocês dois num único dia?". A estratégia da matriarca parecia clara: salvar os dois filhos, salvar a fraternidade, mas manter as prerrogativas do mais digno, isto quer dizer, de Jacó. Todo assassinato revela um duplo fratricídio: aquele que morre e aquele que faz morrer. Caim e Abel tornam a ameaçar a consciência de Jacó. E, portanto, é justamente *seu irmão* que ele quer encontrar: "E Jacó enviou antes mensageiros, em direção a Esaú, seu irmão"(Gn 32,4).

---

[48] Para todos esses detalhes, reler Gn 29, 1 até 31,4.

Mas esse medo e essa angústia dizem, sem dúvida, algo a mais sobre a psicologia desses protagonistas. Pois não se trata do medo de um covarde diante de um gigante, mas do medo do Justo. Jacó possui, também ele, uma força física pouco comum. Ele sozinho rolou uma pedra de poço, gesto que comumente era feito na presença de vários pastores. Isso revela um vigor pouco comum considerando os rebanhos de seu tio e sogro Labão. Ele luta toda uma noite contra um personagem misterioso e audacioso numa luta de quem quer eliminá-lo, ele triunfa.

Não, Jacó nada tem de franzino. Seu medo, sua verdadeira angústia procede da sua consciência moral. Durante seu exílio em Harã, durante suas provas, ele sabia muito bem das trapaças de antes. Sua dupla astúcia, sobre quem mais era merecedor, atormentava sua memória. Esaú pesava mais do que ele sobre a balança da ética. Esaú tinha feito suas escolhas existenciais à luz do dia, e durante mais de vinte anos, ele tinha honrado seu pai e sua mãe: mas ele Jacó se sentia profundamente envergonhado.

O Jacó que voltava não parecia em nada aquele Jacó do prato de lentilhas. E sem dúvida, ele ainda se perguntava se a estratégia da sua querida mãe tinha sido mesmo a melhor. Aqui está o medo, aqui está a angústia que castigava a alma de Jacó. Sua luta noturna dizia algo também sobre a luta consigo mesmo. Jacó deveria vencer sua parte obscura para se tornar *Israel*, o lutador de Deus. Jacó se recusa a *ser para a morte* (Heidegger). Entre a morte e a vida, ele escolheu o combate para a vida. Também desse modo pode-se entender esse anagrama hassídico: Israel, *Yasharel "direito diante de Deus"*.

Mais de uma vez a Torá nos descreve personagens com uma geometria variável. Nada é definitivo. O ser humano pode cair, o ser humano pode se erguer; o ser humano pode pecar, o ser humano pode igualmente se emendar. Esses personagens bíblicos nos falam, pois eles se parecem conosco e nós parecemos igualmente com eles.

O reencontro

O sino do face a face soou. Jacó, suas esposas, seus filhos, seus pastores se perfilavam tais como pessoas diante do seu rei. Cada um avança e se prostra, e Jacó se prostrará sete vezes (Gn 33,3). Dissipada a soberba da juventude; nivelado seu orgulho diante do seu pai; em nome da fraternidade, em nome da reconciliação dos corações, a humildade de Jacó traduzia aqui a sua grandeza.

Esaú no auge do seu poder senhorial e físico, à frente de 400 homens, observa tudo isso diante de seus olhos, e depois com a sua alma. Poderia ele escutar uma voz surgindo do passado que o interrogasse (e que nos interroga sempre): "Onde está o teu irmão?". O tempo pacificou os espíritos.

No final, a atitude de contrição de Jacó que significa "me perdoe", libera o movimento de Esaú: "Esaú correu ao seu encontro, o apertou, jogou-se ao seu pescoço e o abraçou, e eles choraram".

As palavras da Torá parecem preparar aquelas outras de Jesus na sua parábola do *Filho Pródigo*. Jesus era tão pleno da Torá. Como se traduzem concretamente esses encontros fraternos? Lembremos que desde o primeiro encontro, cada personagem, se afirmava segundo a sua vontade. Esaú: "Eu quero comer", Jacó: "Eu quero o direito de ser primogênito". Por este segundo encontro, o *querer receber* se transforma em *querer oferecer*. Escutemos antes:

> Esaú retomou: 'Eu tenho o suficiente, meu irmão, guarda o que é teu'. Mas Jacó disse: 'Não, eu te peço! Se encontrei graça a teus olhos, recebe o presente de minha mão. Pois afrontei tua presença como se afronta a presença de Deus,[49] e tu me recebeste bem. Aceita, pois, o presente que te ofereço, porque Deus me favoreceu, e eu tenho tudo o que necessito'. Desse modo, Esaú aceitou. (Gn 33,9-11)

Primeiramente, Esaú recusa os dons de seu irmão, pois ele possui *muito*, e Jacó insiste e argumenta: "Aceita meu presente" que significa "aceita-me como irmão",[50] tu que pareces a um senhor, digno desse título". E em seguida, o argumento final: "Recebe minha bênção, minha *berakhá*", anagrama de *bekhorá* = a primogenitura!

O mal-entendido se dissipa: "Eu não faço caso da bênção material, mas justamente a vocação espiritual; eu não quero ser o teu concorrente, mas teu companheiro". Esaú acaba por aceitar.

---

[49] Está escrito *Elohim* que significa Deus, um anjo, um juiz ou um notável.
[50] Cf. Caim e Abel, onde Deus se volta em direção do oferente antes de considerar a oferenda.

Alguns exegetas ressaltam aqui uma figura de linguagem: Esaú diz "eu tenho muito", Jacó diz "eu tenho tudo". Essa diferença acaba por revelar bem dois caminhos. Esaú, homem material e ativo possui *muito*, mas ele poderia ter mais, pois "o olho não se sacia de ver" (Ecl 1,8). Jacó, homem espiritual, da ação ética, se sente sempre preenchido e pode afirmar que ele tem *tudo*. "Qual é o rico? Aquele que se regozija da sua parte" (M. *Avot* 5,1).

No fim das contas, a reivindicação dos direitos se havia transformado em reivindicação de deveres. Além disso, o encontro não se prolongará além desse reencontro emocionante, pois cada um seguirá seu caminho, cada um construirá sua identidade, no seu ritmo.

> E Esaú disse: 'Partamos e caminhemos juntos; eu me conformarei ao teu passo'. Ele lhe respondeu: 'Meu senhor, sabe que essas crianças são delicadas, que esse miúdo e grande rebanho exigem de mim que eu vá devagar, para que não morram todos num só dia. Que, meu senhor, parta, pois adiante, de seu servo: quanto a mim caminharei calmamente ao passo do rebanho que tenho diante de mim e ao passo das crianças, até chegar à casa do meu senhor, em Seir[51] (Gn 33,12-14)".

Eles se encontrarão, além do mais, ainda uma vez, diante da morte do seu pai Isaac, como Isaac e Ismael diante da morte de Abraão. Mas aqui, Esaú precederá Jacó, sem dúvida porque Jacó insistiu para respeitar a ordem dos nascimentos, como quis a seu tempo Isaac.

> Veio Jacó a seu pai Isaac, em Mambré, em Cariat-Arbe, que é Hebron, onde habitaram Abraão e Isaac. A duração da vida de Isaac foi de cento e oitenta anos, e Isaac expirou. Ele morreu e reuniu-se à sua parentela, velho e saciado de dias; seus filhos, Esaú e Jacó o enterraram. (Gn 35, 27-28)

Os descendentes de Esaú se mostraram menos compassivos, notadamente o cruel Amaleque que se tornará a figura do anti-Israel (Gn 36,12; Ex 17,8). Esaú – Jacó: fraternidade. Amaleque – Israel: fratricídio. Deus julgará a História. Também se percebe essa busca de Jacó: "até

---

[51] A colina do Bode.

chegar à casa do meu senhor, em Seir". Pois no final nós não temos esse reencontro no texto. De onde veio então a interpretação tradicional, narrada por Rashi (Gn Rabbá 78,14): "Quando é que Jacó chegará a Seir? Nos dias do Messias, como está escrito: 'Os salvos subirão à montanha de Sion para julgar a montanha de Esaú'"(Ab 1,21).

Esse Midrash pode ser entendido também assim: uma fraternidade não se julga por uma geração, mas sobre um tempo da História. O trabalho de costura leva o tempo de sucessivas gerações. A paz é sempre passível de se desfazer por uma questão econômica, religiosa ou por algumas paixões muito humanas. Não se trata aqui de desencorajar as nossas relações, mas de permanecer vigilantes. A tradição oral permanece mais pragmática do que a tradição escrita. Por fim, tudo começou mal entre os filhos de Rebeca e de Isaac, mas tudo acabou terminando bem.

"Nós de esperança" – segundo a expressão de Edmond Fleg – amaríamos acreditar que o tema dos encontros dos dois irmãos, o capítulo se fechasse sobre essa boa nova de uma reconciliação definitiva. Mas Jacó – Israel, cujo duplo nome nos remete à marcha e à luta, parece mais lúcida que Esaú, cujo nome evoca o já realizado, pronto, acabado. Jacó poderia dizer: "Mantenhamos o que construímos, mas caminhemos, quer dizer, lutemos, para continuar a nos fraternizar". E "felizes os construtores da paz, eles serão chamados filhos de Deus".

2.4 José e seus irmãos

Colocando o título *José e seus irmãos*, vamos mantendo a dimensão dual e (idealmente) dialogal, tão cara ao Redator da Bíblia (cf. *Princípios da escrita das Escrituras*). Nem assim seus irmãos não constituirão um todo de modo homogêneo e indiferenciado, mas com certeza alguns se distinguirão diante de José, como nós o veremos.

Atualmente, esse trecho constitui a quarta e última parte da saga Abraâmica, sua conclusão e seu lado mais dramático. Se Caim e Abel inspirou John Steinbeck, no seu livro **À leste do Éden,** Thomas Mann, também ganhador do prêmio Nobel, foi tocado por *José e seus irmãos*. Esta longa narrativa (14 capítulos de Gn 37 a 50) desenvolverá longamente sobre todos os erros anteriores: o fratricídio de Caim e Abel, a não comunicação entre Isaac e Ismael, o conflito da primogenitura entre Jacó e Esaú. E sempre esses erros dos pais, aqui aquele de Jacó, cujas escolhas provocam inveja e ódio. Tudo isso se intercala diante de um Deus escondido que não interveio em momento algum, nem por revelação profética, nem por algum anjo, nem por alguma visão noturna.

Essa situação velada, altamente eloquente, significa que a fraternidade autêntica se constrói, sobretudo, pela boa vontade dos protagonistas, e não por milagre.

A instalação de Jacó

Após as suas trapaças e suas lutas, Jacó quis por fim se instalar na terra de Canaã, terra onde morou seu pai (Gn 37,1). Tudo vai bem; exceto pelo Midrash que percebeu nesta *instalação* um relaxamento do patriarca no que diz respeito ao seu futuro, a saber, sobre seus filhos.

"E Israel (segundo nome de Jacó) amava José mais do que todos os seus filhos, pois lhe tinha nascido na velhice; ele lhe fez uma túnica listrada" (Gn 37,3).[52]

Por que esta preferência entre *todos os seus filhos*, severamente condenada pelo Talmud, como grave falta pedagógica (TB *Shabbat* 10b)? Pois José era o *filho da velhice*. Mas Benjamin, o último nascido, não caberia a ele viver esse papel? De fato, José encarna o substituto da *mulher da velhice,* a bela Raquel, o amor de Jacó, que morreu ao dar à luz justamente Benjamin. Leremos depois que "José era de belo aspecto e belo de se ver" (Gn 39,6), mesma expressão para descrever Raquel (Gn 29,17). José possuía a beleza de sua mãe, e Jacó se consola por aquele que sem cessar lhe relembra sua bem-amada.

Certamente, Léa, Zilpa e Bilha vivem nesse universo, mas as mulheres são mais ausentes nessas últimas narrativas. Somente os homens têm contas a acertar. Jacó poderia justificar sua escolha pois José é o filho mais velho de Raquel; e sem a trapaça de Labão, ele teria sido o

---

[52] Segundo um midrash, uma túnica misturada de sete cores do arco-íris, segundo outro, de 70, símbolo das 70 nações. Para a tradição oral, a túnica remete ao Universal. Agora José encarna o Hebreu no Egito, prefigurando o judeu, é claro. A túnica de Jesus, filho de outro José, veiculará por sua vez essa visão universal. Os nazistas também vestiram os deportados com roupas listradas, o Mal recuperando os valores do Bem por conta própria.

mais velho de todos. Mas aqui está, dez filhos precederam o belo jovem, e o amor tornou Jacó cego a essa realidade.

Essa túnica colorida que o jovem rapaz de 17 anos traz consigo sempre, até ao dia em que foi vendido, intensifica a sua atitude antipática aos olhos de seus irmãos, pois "ele relatava as suas malvadas palavras ao seu pai" (Gn 37,2). Em resumo, o cenário de Caim – Abel se recompõe na família hebraica.

Consequência disso: "eles o odiavam e não mais podiam falar-lhe pacificamente". Ódio e recusa da paz! Todos os ingredientes de um fratricídio, na lógica de Gênesis.

Os sonhos eletivos

O ódio aumenta depois dos dois sonhos de José, que não se contenta em guardar para si, e nem de os contar com discrição ao seu pai, mas que ele os contam muito ingenuamente às pressas. No primeiro, os feixes de seus irmãos se prostram diante do seu próprio feixe; no segundo, o sol, a lua e onze estrelas se inclinam aos seus pés. Sonho de grandeza? Premonição divina? Ninguém diz nada, a não ser Jacó após o segundo sonho. O professor H. Baruc colocou em evidência que se trata de um *sonho do alto,* contrariamente aos sonhos daqui de baixo que procedem dos instintos primitivos. Pois existem dois inconscientes: o inconsciente ético e o inconsciente animal.[53]

Jacó permanece intrigado, pois esse duplo sonho relembra seu próprio sonho de Betel (Gn 28,12). Essa escada colocada em direção à terra e cujo topo se eleva até ao céu, religa, de modo de tensão, o mundo daqui de baixo com o mundo lá do alto. O Hebreu quer (re)conciliar o Céu e a Terra afim de permanecer na coerência do monoteísmo – que afirma "No início, Deus criou os Céus e a Terra" (Gn 1,1) -como ele quis manter o equilíbrio entre a alma e o corpo que formam o humano. A visão de Jacó traduz a concepção do Homem hebraico: uma escada diante do Eterno por onde os anjos, as forças vitais, circulam permanentemente para a glória do Altíssimo; sempre evitando os dois extremos: um materialismo desenfreado e uma espiritualidade desencarnada.

---

[53] H. Baruk, *A mensagem dos Patriarcas hebreus (Le message des patriarches hébreux).* Colbo.

Jacó vê nesses dois sonhos do filho o prolongamento do seu: o trigo da *Terra* e os astros dos *Céus*. Mas com a diferença de que José sonha num modo mais concreto com esse alimento terrestre a ser partilhado sob o olhar divino. Uma economia baseada sobre uma ética monoteísta. José seria com certeza o eleito por onde passa a bênção divina, como Jacó o foi diante de Esaú. Certamente falta a José a humildade, pois falta-lhe ainda a maturidade, ele ainda não passou pelas provações da vida que fazem você crescer; mas Jacó ele mesmo possuía esse autodomínio da juventude antes de querer se fraternizar com Esaú.

Por todas essas razões, o patriarca não pode manifestar tudo isso diante dos outros seus filhos. De fato, ele cerra os seus lábios, colocando-os no modo de espera: "E Jacó guardou o assunto" (Gn 37,11).

A missão de José

Situação de conflito, à beira de um colapso. Mas a vida tem de continuar, e os rebanhos têm de ser guardados. Num outro dia, os irmãos, exceto Benjamin, se encontravam em Siquém, longe da tenda paterna estabelecida em Hebron. Jacó chamou José para lhe fazer um pedido, em termos de uma missão (Gn 37, 13 e 14):

> Israel disse a José: 'Teus irmãos estão pastoreando os rebanhos em Siquém. Venha, eu quero enviá-lo até eles'. Ele lhe disse: 'Eis-me aqui!'. Ele disse: 'Vá ver, eu te peço, a paz dos teus irmãos e a paz do rebanho e traga-me uma palavra'. E ele o enviou do vale do Hebron. E José chegou a Siquém.

O versículo menciona Israel, antes do que Jacó, sugerindo sem dúvida que José, tal como seu pai, deverá ele também deverá enfrentar uma luta interior até elevar-se no nível da sua eleição. Diálogo curto, mas nós sabemos agora sobre a sensibilidade do Redator no sentido das palavras, pois estavam concentradas. Então a dupla menção de *irmãos* e de *paz* oferecem o conteúdo dessa missão, que ultrapassa uma simples viagem de visita.

Até aquele momento Jacó/Israel estaria consciente do conflito que ele, de certa forma, alimentou? É difícil de responder com exatidão. Mas é provável que ele não era assim ingênuo, e que ele assume o risco, por graça de Deus, de enviar José para uma missão de reconciliação, de paz, de fraternização. Pois é essa *palavra* que ele espera, é a palavra *PAZ!* Paz para os seres humanos e até mesmo paz no rebanho, pois numa atmosfera serena e fraterna, mesmo os animais reconhecem a quietude. Pelo contrário, a violência do ser humano gera um desequilíbrio na natureza que estimula a animalidade mais agressiva. A paz faz circular uma energia positiva, o ódio uma energia negativa.

José responde numa única palavra: *hineni* "eis-me aqui". Somente os Justos respondem desse modo na Bíblia.[54] Abraão (Gn 22,11), Moisés (Ex 3,4) ou Isaías (6,8). Nessas três sílabas, eles se envolvem para irem até o fim de si mesmos, antes mesmo do conhecimento do anúncio. Fiel à voz de seu pai, José parte à procura dos seus irmãos. Mas nem o pai, nem o filho podem imaginar o que esta procura trará de dor e de errância.

Um encontro misterioso

Chegando em Siquém, José não encontra nem seus irmãos, nem os rebanhos. Aparece então um personagem misterioso, um *Ish*, poderia ser um anjo,[55] como aquele trio que visitou Abraão (Gn 18,2), ou aquele que veio combater Jacó (32,25), mas agora não era um adversário no meio da noite, mas um homem atencioso durante o dia. Este encontro será também decisivo como foi em Peniel (32,31), pois ele conduzirá ao confronto direto dos irmãos com todas as suas consequências.

"Um homem o encontra perdido no campo e lhe pergunta: 'O que procuras?'. Ele lhe disse: 'São os meus irmãos a quem procuro'" (Gn 37,15).

Na sua resposta José oferece a sua identidade, aquela que traduz a intenção de Raquel quando finalmente ela nomeia esse filho tão esperado: "Ela (Raquel) concebeu e deu à luz um filho e ela disse: 'Deus me tirou (assaf) a minha vergonha'. E ela o chamou José dizendo: "Deus me acrescentou[56] (yossef) um outro filho" (Gn 30,23).

Raquel nomeia José, como ela o fizera com Benjamin, como Léa nomeou os seus filhos. As matriarcas dão nome aos seus filhos e os ins-

---

[54] É certo que essa expressão se encontra numerosas vezes, mas se inscreve numa frase das circunstâncias.
[55] O Midrash o identifica com o anjo Gabriel.
[56] Não existe condicional em hebraico, mas realizado ou não realizado.

creve num futuro, Sempre esse futuro se inscreve no feminino. Aqui Raquel usa dois verbos muito próximos: *assef* e *yossef*. Ela relembra a dor da sua esterilidade que agora Deus, em sua misericórdia, deixou para atrás. Ele poderia tê-lo nomeado *Assaf*, mas pensa também em seu futuro: "Deus me acrescentará um outro filho!". Esperança de Raquel de construir a casa de Israel, sempre ressaltando a vocação de José aberta à fraternidade.

José assumirá de fato dois papeis: um dia, ele salvará a terra do Egito de outra esterilidade, uma fome catastrófica de sete anos, e ele se reconciliará com todos seus irmãos, sem lhes envergonhar de seu passado pouco louvável.[57]

Ressaltemos aqui que Raquel não disse que Deus acrescentará um *irmão*, mas um filho. Quando nasceu Abel, nós lemos "Eva acrescentou, seu "irmão", pois o primeiro é filho, o segundo é irmão. Sair do conflito consiste justamente para o filho mais velho em reconhecer o segundo como filho, aceitando-o como *irmão*. Nesse movimento da consciência moral, o Outro pode então aparecer na sua dimensão legítima, e não de concorrência. Raquel corrige dessa forma Eva.

A este desconhecido, José revela sua identidade "eu procuro os meus irmãos". Como sempre na Torá, as palavras ultrapassam a simples situação imediata, para se abrir a um projeto para o ser humano.

O homem autêntico procura os seus irmãos. É com esta busca que se inicia o versículo: "Amarás o próximo como a ti mesmo" (Lv 19,18). Ele procura a *Shalom*, a Paz que seu pai lhe pediu para trazer de volta.

José diante de seus irmãos

As boas intenções de José não puderam ocultar suas falhas passadas. Querer a fraternidade sem conhecimento pode gerar também amargura e um conflito aberto. Mas seus irmãos o odiavam.

Eles o odiavam porque não tinham recebido o amor de Jacó. Pois neste ódio do filho preferido, se escuta um apelo vibrante para o pai: "Ame a nós também! Ame a mim!". Quantas infâncias mal-sucedidas por causa dos nossos erros como pais, por causa de nossas imaturidades

---

[57] Cf. o comentário de *Rashbam*, neto de Rashi.

de pais ou de mães, por causa de nossa falta de amor em direção ao nosso próximo. E por vezes a violência brota dos nossos filhos por causa do vazio de seu coração.

Ela brotou aqui quando José se anuncia de longe, na vila de Dotain, indicada pelo desconhecido. José quis se aproximar, mas eles o veem de longe. Para José, mesmo longe, ele se sente próximo; para seus irmãos, mesmo próximo, eles o sentem distante. Eles ainda lhe dão o apelido de *senhor dos sonhos*, esses sonhos não tinham sido bem digeridos. A narrativa se torna verdadeiramente patética e perto da tragédia: "E eles disseram, um homem a seu irmão: 'ali está o sonhador que vem'. E agora, vamos matá-lo, e jogá-lo num dos poços, e diremos: uma fera selvagem o devorou".

"E eles disseram, um homem a seu irmão", entre eles corre o rio da fraternidade, mas está prestes a afogar o intruso. Existem fraternidades exclusivas e perigosas. Coluche dizia: "Alguns são mais irmãos de uns do que dos outros!" Evidentemente, o desafio da fraternidade se vive com o diferente, não com o semelhante.

Em Dotain a morte estendeu sua sombra sobre José agarrado por seus (falsos) irmãos, tal como a faca de Abraão sobre o corpo amarrado de Isaac. Qual anjo irá chamar do Céu para deter o braço sanguinário?

O Céu não interveio nessa última narrativa de Gênesis. Os homens possuem a memória dos erros e dos horrores passados, e eles sabem o que o divino Pai espera dos Seus filhos.

Hoje, possuímos a memória do Goulag, de Auschwitz, de Hiroshima e dos genocídios, não esperamos por uma intervenção miraculosa, pois nossa consciência chora tantas vezes a voz do anjo: "não estendas a mão contra o menino!" (Gn 22,12). "Não estendas a mão contra o Ser Humano!"

Se não for o anjo, então quem lançará esse apelo para a vida? Rubem! "Meu primogênito, meu orgulho e as primícias de meu vigor", testemunhará Jacó (Gn 49,3).

O tímido Rubem sofria com a precedência dada a José. Já tinha ele sofrido pelo acordo entre Jacó e Raquel sobre sua mãe Lea, e ele a consolou trazendo-lhe as mandrágoras (cf. Gn 30,14). Ele sofreu também quando morreu Raquel, seu pai foi consolar-se dormindo com Bilha, serva de Raquel (35,22). Com todos esses seus sentimentos, ele poderia ter se tornado um novo Caim. E, então, Rubem vai salvar José da morte. O Redator nos revela algo que pessoa alguma poderia saber, as suas intenções profundas. Então quando os irmãos querem executar José, a voz do irmão mais velho se interpõe:

> Rubem, porém, ouvindo isto, tentou livrá-lo de suas mãos e disse: 'Não lhe tiremos a vida!'. E acrescentou: 'Não derrameis sangue. Lançai-o naquela cisterna no deserto, mas não levanteis a mão contra ele'. Dizia isso porque queria livrá-lo das mãos deles e devolvê-lo ao pai. (Gn 37,21-22)

"Ruben ouvindo isto". Poderia ser a voz do sangue de Abel que grita da terra? Ele escutou, ele compreendeu, e ele se levantou desse delírio mortífero no qual os irmãos tinham se lançado. Ele fala da altura de ser o irmão mais velho. A voz humana de Rubem no deserto corresponde àquela do anjo no Monte Moriah. Um sobressalto moral. O ensinamento do ancestral Abraão abre um caminho na consciência de um de seus filhos. Rubem quer salvar seu irmão em nome do seu pai, Jacó com certeza, mas também em nome do *Nosso Pai que está nos Céus,* segundo alguns exegetas, Rubem, *o filho*, aceita de ser *irmão*, porque José seu *irmão*, se tornou *filho*.

Até agora, psicologicamente falando, ele não podia se opor frontalmente aos seus irmãos. Diante de um fanático grupo deve-se contrapor com outra força, para tentar canalizar um desencadeamento tempestuoso e evitar os excessos, e ganhar tempo para uma solução pacífica (como mais tarde o fará Aarão no pedido do bezerro de ouro). Assim sendo, ele sugeriu de jogar José numa cisterna, para depois quando o grupo fosse fazer o pastoreio do rebanho, ele lançasse a corda para subir o adolescente que será deixado pelo medo e talvez para uma introspecção.

A estratégia de Rubem teve sucesso. Após a brutalidade de despir José, ser atirado no poço, e as palavras de Rubem, os espíritos se acalmam. José de sua cisterna uiva por sua vida, enquanto seus irmãos... comem. A violência deles não lhes tinha tirado o apetite. De longe, uma caravana de Ismaelitas chama-lhes a atenção.

Um novo personagem aparece e que merece ainda ser falado a respeito: Judá, *Yehuda*, quarto filho de Jacó e Lea. Ele se distingue por seu carisma e sua força, especialmente quando Rubem por sua vez guarda o rebanho. A caravana lhe oferece uma ideia.

> Judá disse a seus irmãos: 'Que proveito teríamos em matar nosso irmão e ocultar o crime? É melhor vendê-lo a esses ismaelitas. Não levantemos contra ele nossa mão, pois ele é nosso irmão, nossa carne'. E seus irmãos concordaram. (Gn 37, 26 e 27)

Segundo despertar moral no seio da família. Judá fala, os irmãos escutam. Rubem cuidou da dor do pai, Judá fala da fraternidade (quatro menções de *irmão* em dois versículos).

Rubem não quer matar, pois ele pensava na dor de seu pai. Dor dos pais tendo perdido um filho numa briga, numa guerra ou num atentado. Judá acrescentou a dimensão fraternal, incluindo José no seio da fraternidade. Aqui está começando, mesmo que em semente, em *grão de mostarda*, segundo a parábola de Jesus, a possibilidade de um arrependimento, de uma *teshuvá*, e de uma reconciliação futura. Um paliativo certamente, mas um grão de esperança!

Içado da cisterna, e amarrado após sua venda, e as suas súplicas não irão anulá-la. E assim, Judá e seus oito irmãos viram se distanciar o *mestre dos sonhos*. O problema deles tinha desaparecido do seu horizonte ao passo dos camelos. Rubem retornou por sua vez e descobriu num grito lancinante – prelúdio do grito de Jacó – um poço vazio e seco que se tornou novamente um reino de *serpentes e escorpiões*.[58]

Os exegetas discutem sobre essa venda, o neto de Rashi, Rashbam,[59] excessivamente literal, faz lembrar que foram os Madianitas quem venderam José aos mercadores egípcios, a falta dos irmãos consistiu na sua apatia.[60] Em outras palavras, foram outros que fizeram o trabalho sujo. O que seja, esta venda serviu ao seu propósito e eles rasgaram a bela túnica, a mergulharam no sangue de uma ovelha para apresentá-la ao seu pai.

Desoladora dor de Jacó diante dessa ausência imensa. A vergonha invadiu os irmãos que transformaram seu complô num segredo de famí-

---

[58] Segundo um Midrash.
[59] Rabbi Chmouel ben Meir (1085 -1128).
[60] O "eles" de "eles o venderam" permanece ambíguo (versículo 28).

lia. Diante dessa perda, Jacó recusa toda consolação. Aos seus olhos, seu filho foi devorado por uma fera selvagem.

Enquanto isso, José desce como um escravo na maior civilização de seu tempo. O Justo conhecerá quedas e provações, antes de subir à luz de Deus, diante dos homens.

José no Egito

José, conduzido ao Egito, se tornou escravo de Putifar, um notável, próximo do faraó. Tal como Jacó na casa de Labão, José será medido por sua fidelidade aos valores Abraâmicos. Como seus gloriosos antepassados, José carrega consigo a *berakhá*, a bênção. Aplicando os princípios da ética monoteísta, ele trabalha honestamente, sem reclamar, estabelecendo boas relações com outros escravos, respeitando seu senhor e os hábitos e costumes da terra que não colocam em causa as bases da sua fé. Sofreu as consequências nefastas da calúnia e mesmo assim não denegriu, desprezou ou insultou a quem quer que fosse. Ele gera por seu comportamento as condições favoráveis para que a Presença divina possa vir morar no meio dos homens. E assim: "Seu senhor viu que o Eterno (YHWH) estava com ele; e em tudo o que ele fazia, o Eterno (YHWH) lhe fazia ter sucesso em sua mão".

Putifar, um idólatra, percebeu que em sua casa ocorria uma superabundância de benfeitorias, para além do natural. Sem partilhar da fé dos Hebreus, ele descobre através de José, o Ser transcendente YHWH, para além *de Elohim,* o Deus escondido nas forças do mundo.

Pouco a pouco, José se torna o homem de confiança e da gestão de toda a sua casa. Ele entra e ele sai para assegurar que tudo concorre para o melhor no coração do seu novo universo. Se ele se comporta com mais humildade do que no passado, ele não pode ocultar o dom cujo Céu lhe agraciou: "E José tinha um belo porte e era bonito de rosto" (Gn 39,6). A beleza de sua mãe transparecia no seu próprio corpo.

Raros são os homens cuja Bíblia exalta a beleza. Esta menção sugere que a provação passará por ali. E no coração de uma sociedade libertina, essa beleza pode excitar os desejos das mulheres, especialmente se a beleza se conjuga com o exercício do poder.

A tentação de José

Primeiro, vejamos a diferença entre tentação e prova. A tentação faz memória à queda, a prova convida à elevação. Deus prova (a prova de Abraão Gn 22,1); então o malvado se inclina ou o Satã tenta (Jó 2,1; as tentações de Jesus, Mt 4).

A mulher de Putifar não consegue resistir aos seus impulsos de desejo diante desse belo adolescente que ela provoca dia após dia. Um Midrash imagina a bela convidando as suas amigas para irem a sua cozinha onde cada uma delas se corta com a faca ao verem passar o filho de Raquel. "Veja lá minha sina de todos os dias", confia ela aos seus íntimos. O desejo do coração e dos olhos acaba por se tornar verbalizado: "Deite-se comigo".

José responde claramente e sem volteios:

> Ele recusou. Ele diz a esposa de seu patrão: 'Com certeza, meu patrão nada mais sabe de sua casa, pois todos os seus cuidados ele os colocou em minhas mãos. Ninguém é maior do que eu nesta casa, e ele nada me recusa, exceto a ti, sua esposa. E como eu poderia cometer um tão grande delito, e eu faltaria contra Deus!'.

Os argumentos de sua recusa são bem nítidos: ele exclui de trair seu patrão. Seria assumir o mal pelo bem, em tudo se afastando do adultério".[61]

Imaginemos a força do caráter de um adolescente, no seu mais forte vigor viril, capaz de controlar a sua sexualidade. Essa maestria lhe concede o título de Justo pela tradição oral: *Yossef hatsadik,* José, o Justo. E a Cabala nele verá o arquétipo da sexualidade domesticada (*tikon haberit).*

No capítulo anterior (Gn 38), uma tentação semelhante se apresentou diante de Judá em pessoa diante da sua nora Tamar, mas ele não esboçou resistência alguma. Pelo contrário, toma essa desconhecida com véu por uma prostituta, e negociando seu preço, deita-se com ela. Dessa união nascerão os gêmeos Farés e Zara.[62]

---

[61] A falta do adultério era conhecida pelos pagãos como Abimelekh (Gn 20, 3). A interdição pertence às leis de Noé.
[62] Estamos lidando aqui a uma justaposição de narrativas paralelas com finalidade pedagógica. Cf. nosso *Princípio da escrita das Escrituras.*

A mulher de Putifar, prisioneira de seu impulso, não escuta mais os argumentos de José: "Ela insistia cada dia com José, mas ele não cedia a deitar-se com ela, e a estar sozinho com ela".

Como Abraão e Isaac em Moriá, como Jacó no Yaboc, José também, por sua vez, deverá lutar consigo mesmo (o combate mais duro) contra o desejo de ceder.

Dois mestres, conhecidos por suas controvérsias, tanto radicais como amigas, Rav e Shmuel[63] investigam sobre a psicologia do adolescente: "Ora, certo dia José veio à casa para fazer seu serviço e não havia na casa nenhum dos domésticos. A mulher o agarrou pela roupa, dizendo: 'Dorme comigo!'".

"Para fazer o seu serviço". Rav e Shmuel discutem: "um disse para cumprir verdadeiramente sua tarefa, o outro: para saciar seu desejo" (TB *Sotah* 36b).

José permanecia insensível até o fim, acima das paixões humanas, ou sua grandeza não seria a sensibilidade aos charmes desta mulher sensual que ele conseguirá enviar justamente ao coração de seu desejo?[64] Duas leituras possíveis. Se a segunda leitura insiste na literalidade, ela não desconsidera, no entanto, a psicologia humana. Não esqueçamos que os heróis bíblicos continuam humanos do início ao final de suas vidas. Por fim, José foge dos braços desta mulher, deixando com ela sua roupa e a raiva de não poder ter abusado do seu belo escravo.

Ainda uma veste! Desde as narrativas de Jacó e Esaú, ela volta regularmente. José se gabava com a sua bela túnica, em suscitar a inveja de seus irmãos, e eis que agora sua túnica de servidor vai acusá-lo falsamente. Sempre o princípio *medida por medida*.

José irá gritar por sua inocência, ele novamente estará debaixo da terra, numa das masmorras do faraó, meditando no meio das suas lágrimas e da sua longa solidão sobre a sua parte de responsabilidade no seu dramático destino. Portanto, seus sonhos do passado voltam a soprar sempre sobre as brasas de sua esperança. Longe de seu pai, longe dos irmãos, longe do sol, ele percebe uma Presença que o espera. Pois "ele não dorme, nem cochila o guardião de Israel".

---

[63] Mestres da Babilônia do Século III.
[64] O Talmud imagina José percebendo a figura paterna lhe perguntando: "Você deseja que sobre o peitoral do sumo sacerdote, entre as doze pedras preciosas, a sua pedra esteja ausente?".

José na prisão

José na prisão encontra o favor do chefe dos carcereiros, que lhe confia os cuidados dos seus irmãos de infortúnio e lhes leva a comida. Ele assume o papel de Justo diante dessa humanidade privada de liberdade. Ele experimenta a fraternidade nesse universo prisional.

Aqui se encontram lado a lado malfeitores e servidores maus do faraó. José lhes oferece seja o pão do corpo como o alimento da alma para as suas consolações.[65] Notavelmente, ele sabe interpretar os sonhos, aos quais ele atribui sempre a *Elohim,* o verdadeiro *mestre dos sonhos*.

Uma manhã, ele se encontra com o chefe copeiro e o chefe padeiro, profundamente contrariados pelos seus respectivos sonhos. Em *nome de Elohim,* ele lhes oferece a chave de interpretação dos sonhos: em três dias, o primeiro recomeçará a verter o vinho na taça do rei, o segundo encontrará a forca.

Os sonhos nas narrativas de José veiculam sempre premonições. Um decreto foi fixado no céu, nada poderá modificá-lo. Poderíamos pensar que o mesmo ocorra com o fratricídio ou a fraternidade, mas não é assim! Nunca existe a fatalidade no ódio ou no amor, na separação ou na reconciliação. No coração dos determinismos, a liberdade de escolher entre o bem e o mal permanece nosso único domínio para agir (Dt 30,19). "Tudo está nas mãos do Céu, menos a crença do Céu" (TB *Berakhot* 33b).[66]

Aquilo que José predisse acabou se realizando para seus dois companheiros. Um retornou ao serviço do palácio, o outro se balançou com a corda no pescoço. Quanto aos filhos de Jacó, ele deverá ainda esperar dois anos para conhecer a sua salvação. E isso virá novamente através do caminho dos sonhos, dois precisamente, aqueles sonhos do faraó.

No primeiro, o rei viu 7 grandes e gordas vacas devoradas por 7 vacas magras que permaneceram assim após as terem consumido. No segundo, 7 belas espigas douradas são engolidas por 7 espigas secas, que permaneceram da mesma forma após isso (Gn 41). Faraó sonha sobre criar e pastar, sonha sobre a economia de seu país, mas agora ele nada

---

[65] *Lehem* "pão" é o anagrama de *'halom* "sonho".
[66] Cada ocorrência a partir da *crença em Deus* na Torá é seguida por uma escolha da vida contra a morte.

compreende. Profundamente perturbado, ele convoca seus adivinhos, incapazes de fornecer uma interpretação confortadora. Por isso faraó procura seu *Shalom*, sua paz interior.

A psicanálise nos ensina que cada um conhece a interpretação do seu sonho, mas sem a ajuda de um terapeuta, seu significado permanece selado no inconsciente. O *psicoterapeuta* será José, de quem o chefe copeiro se lembrou (poderia estar pensando numa promoção?). Quando o rei lhe pede para interpretar seus sonhos, nosso terapeuta responde, em humilde intermediação, que *Elohim* responderá ao faraó, antes de anunciar que os dois sonhos na verdade, são um.[67]

Tranquilizando o faraó, José lhe oferece sua primeira lição do monoteísmo. Primeiro, a natureza não é natural, mas está submetida à vontade de seu Criador. Segundo, aquilo que nos parece dual (ou plural) procede de uma única origem. Revelando o segredo do enigma, a saber, que os 7 anos de fome virão depois de 7 anos de abundância, José abre a porta do inconsciente faraônico e provoca a sua alegria.

Mais do que ser psicanalista, José sabe gerenciar os bens dos outros, e assim apresenta um plano de sete anos para evitar a crise e salvar o Egito da sua futura fome. O soberano e sua corte nada mais dizem. Aquele que o chefe copeiro apresentou como *um jovem escravo hebreu*, se revela um príncipe da casa de Israel, a quem é confiado a tarefa de concretizar seu plano. "O justo cai sete vezes, mas ele se levanta" (Sl 24,16).

Seus sonhos de adolescente se realizam. José compreende, no presente, que ele está inscrito num desígnio que o ultrapassa. O Deus de Abraão, de Isaac e de Jacó o escolheu para escrever a história do povo que Ele escolheu para trazer Sua mensagem de bênção para todas as nações. E nem seu novo nome, *Tsafnat Panéa'h*,[68] nem sua nova aparência egípcia, nem sua ascensão vertiginosa no título de primeiro vizir, nem seu casamento com Asnat, uma egípcia que lhe dará dois filhos, Manassés e Efraim, nada mudará suas profundas convicções.

Nessa bem-aventurada situação, José poderia se reconectar com seu pai, mas ele nada fará, esperando outros sinais do Céu. Esses se manifestarão com o início da fome.

---

[67] Leitura midráshica: "Os dois sonhos procediam do Um".
[68] Em egípcio: "o deus disse: este vive".

Primeiro encontro

Sete anos de abundância. Tsafnat Panea'h, isto é, José, fez construir enormes celeiros para estocar quantidades impressionantes de trigo. Alegria no presente, angústia no futuro. O *Khamsin,* esse vento de sal ardente que sopra do deserto, anuncia a fome e faz esquecer os *sete gloriosos anos*. Os céus do Egito como aqueles de Canaã também não lhes enviam as chuvas de bênçãos, e até mesmo o Nilo sofre para sair do seu leito. Para Jacó, uma única saída: enviar seus filhos à terra das pirâmides para comprar o trigo vital.

> Os irmãos de José partiram em dez, para comprar o grão do Egito. Quanto à Benjamin, irmão de José, Jacó não o deixa partir com seus irmãos, porque ele dizia consigo: 'de medo que lhe aconteça uma desgraça'. (Gn 42, 3-4)

Três menções de *irmão,* das quais duas *irmãos de José.* O Redator sugere que a presença de José, continue a habitar a memória da família, tal como as fotos colocadas sobre um móvel que afirmam que o defunto permanece vivo no coração dos seus íntimos. Sem dúvida, ele também nos quer lembrar a temática dessa longa narrativa. Por detrás das duras realidades econômicas, além dos ódios do passado, a fraternidade poderia ser costurada após ter sido rasgada?

Dez irmãos. O mesmo grupo que foi de Siquém a Dotain. E Benjamim sempre sob a proteção de um pai mais do que nunca guardião, sob a sua asa, o último broto de Raquel. E Deus sempre ausente do drama, mas que continua a observar e escrever a Sua história, conjugando-a com a liberdade dos homens.

Os irmãos se apresentam humildemente diante do governador. Como poderiam eles adivinhar que esse rosto totalmente barbeado, recoberto de uma tiara real, cujo olhos estão pintados com a tinta negra da nobreza, que fala um egípcio perfeito e se faz compreender em hebraico por um intérprete, como poderiam eles adivinhar que eles se encontrariam face a face com aquele que venderam vinte anos antes? Porque José não administra a crise de dentro de um gabinete ministerial, ele se encontra no centro da ação, junto daqueles que a fome prejudicou (42,6). O Justo consola os aflitos, ele alimenta os famintos, ele eleva os humilhados. Sempre a realização da ética monoteísta. Desceu das alturas reais para estar junto das mesas de distribuição dos alimentos, José espera... ele espera pacientemente pela reunião.

"José reconheceu seus irmãos, mas eles não o reconheceram. José se lembrou então dos sonhos que ele lhes deu a conhecer. Ele lhes disse: 'Vocês são espiões! É para descobrir a nudez[69] da terra que vocês vieram!'"

José reconheceu seus irmãos nas suas roupas de pastores de onde saíam os perfumes do deserto e o cheiro dos animais. Eloquente silêncio. Ele os mede. Lentamente, o rosto se tornou sombrio e numa voz terrível ele os acusa: "Vocês são espiões".[70] Rancor? Vingança? Nenhuma resposta breve. Sigamos o enredo.

Do versículo 09 ao 14, presenciamos a um interrogatório em plena e boa forma, segundo a prática de nossos modernos escritórios. Um amigo policial, com quem mostramos esses textos, me afirmou que um bom interrogatório consiste em repetir continuamente as mesmas questões até à confissão final. Então o que fez José? Ele repete: "Vocês são espiões!". E a cada vez, a língua deles vai se soltando mais e mais: o velho pai sempre vivo, o mais novo que permanece em Hebron e esse irmão misterioso *que não existe mais*. Idênticos métodos de investigação, ontem e hoje. Decididamente a Bíblia nos surpreende pela sua modernidade. Especialmente desde que os irmãos estarão três dias vigiados, sob custódia, e um refém, Simão (Shimeon) para assegurar que eles voltariam com Benjamin.

Pois *Tsafnat Panea'h* somente permite que voltem com a condição de lhe trazer esse pequeno último irmão. Em seguida, José, senhor do jogo, ordena que se coloque, discretamente, a prata da transação, num dos sacos desses Cananeus, a fim de lhes acrescentar angústia no momento da descoberta. E então, Rancor? Vingança?

O texto nos oferece uma pista, apesar de tudo, porque finge não entender a conversa deles, e eles os ouve falar e confessar seu pecado passado:

> E eles disseram, um homem a seu irmão: 'Sim, nós somos culpados por causa de nosso irmão; nós vimos seu tormento quando ele nos suplicou

---

[69] Na Torá, a terra nutritiva é uma mãe, *adamah*.
[70] Segundo a Torá, todos os diálogos ocorrem através de um intérprete.

e nós não o escutamos. Eis aí porque essa desgraça nos veio'. Rubem lhes disse: 'Eu não lhes tinha dito: não pequemos contra a criança! Mas vocês não me escutaram! E agora nos pedem contas do seu sangue'. Eles não sabiam que José os entendia, pois lhes falava por meio de intérprete. Então, José se afastou e chorou.

O que significam as lágrimas de José?
Alguma coisa está se movendo nas consciências. Durante vinte anos, a lei do silêncio reinou sobre esse negócio sujo, hoje eles se expressam, mesmo que seja para invadir, acusar. A repreensão e o reconhecimento da falta começam provavelmente o lento arrependimento. E José chora...

O retorno à casa de Jacó

Retorno para o deserto. Em um dos albergues um deles descobre a prata da sua compra. Pânico! Mais do que espiões, eles serão acusados de ladrões. O grupo chega na casa de Jacó. Cada um conta uma ponta da história. Jacó nada compreende, e se lamenta da perda de Simão. Poderia se acreditar num daqueles romances de Agatha Christie no qual de dez membros de um grupo cada movimento deles implicava no desaparecimento de mais um dos seus membros?

Qual seria o golpe final? Seus filhos lhe anunciam que eles não poderiam se apresentar diante do governador novamente sem Benjamin. O velho patriarca se opôs a Ruben. Mas recusar com o estômago cheio é diferente de recusar quando se tem o estômago vazio. As provisões diminuem, e apesar da sua fé em Deus, o Céu permanece fechado. Como fazer entender o velho patriarca? Um deles irá fazer esse trabalho: Judá, justamente ele.

> E Judá disse a seu pai Israel: 'Deixa ir comigo o menino para que possamos nos pôr a caminho e conservar-nos vivos; do contrário, morreremos nós, tu e nossos filhos. Responsabilizo-me por ele, de mim tu o reclamarás. Se não o trouxer de volta colocando-o em tua presença, serei culpado para sempre diante de ti'. (Gn 43,8-9)

Nova etapa acontece no discurso. Evolução da lenta germinação da fraternidade. Judá se oferece como garantia (**ârev**) A raiz ע.ר.ב significa misturar,[71] como se Judá misturasse a sua vida com aquela de Benjamin. Primeira ocorrência, primeiro sentimento de solidariedade de um irmão face a face com o outro. Judá, quarto filho de Lea, se compromete com seu meio-irmão, último filho de Raquel, diante da figura do patriarca que, por sua dor, acabou unindo seus filhos. Mesmo se o amor de Jacó por Judá não pôde ir tão longe como aquele que tinha ido por José, Judá perdoa seu pai, porque é seu pai; e essa dor paterna se torna insuportável para Judá. Os egoísmos de ontem se metamorfoseiam em altruísmo.

Essa palavra de Judá, Jacó a escuta, e lhes deixa finalmente todos partirem rezando: "que El Shaddai,[72] o Deus poderoso, vos conceda *misericórdias* diante deste homem" (Gn 43,14).

Misericórdias, *ra'hanim*, (da raiz *re'hem* = útero) sempre no plural em hebraico, pois é transbordamento matricial do Ser Absoluto. Quando um vislumbre de fraternidade se deixa entrever, aparece a primeira ocorrência misericordiosa, tão ausente entre Caim e Abel.

Segundo encontro

Silêncio durante a viagem. Chegada no Egito. Prostração diante de *Tsafnat Panea'h*. Os feixes se inclinam diante de José. Este vê Benjamin no coração do grupo que forma seu escudo e sua cerca de honra. José poderia ter deixado cair a máscara para o *happy end* do encontro. Nada disso! Nem tudo ainda está feito aos seus olhos. Ele permanece por enquanto o grande vizir temido que acolhe seus hóspedes em seus apartamentos, lhes oferece as melhores refeições dignas do faraó. "E quanto à prata encontrada junto com vocês?", pergunta-lhes. O intendente sorri e lhes oferece uma curiosa mentira: "Ficai tranquilos, não temais! Foi vosso Deus, o Deus de vosso pai quem vos pôs esse tesouro nos sacos, Eu recebi vosso dinheiro". E mandou-lhes trazer Simeão."

Um milagre, então se trata de uma manobra de José? Mas aonde ele quer chegar?

A boa mesa faz dissipar rapidamente seu medo e eles deixam o palácio com toda confiança para o retorno. Poderiam eles duvidar de que

---

[71] *Êrev* "tarde" significa "mistura" da luz do dia e da obscuridade.
[72] El Shaddai, "A Força que coloca limite (ao seu próprio poder e ao seu mundo)". Tal é o Deus conhecido de Abraão (Gn 17,1), Isaac (Gn 28,3) e depois Jacó (Gn 35,11).

José tivesse ordenado colocar dentro do saco de Benjamin uma taça de ouro e que o controle de alfândega o descobrirá sem misericórdia?

Confiantes na sua honestidade, eles se colocam diante do controle de fronteiras que começa para seu espanto pelo mais velho e termina pelo mais moço (Gn 44,12). E ali, para o susto dos irmãos, a taça do vizir se encontra no saco de Benjamin. Eles rasgam suas vestes em sinal de desgraça.

"Nós não somos ladrões, nós até trouxemos de volta a prata encontrada em nossos sacos". Nenhum argumento os convenceu, O culpado se torna escravo do faraó. Benjamin assustado. Os irmãos devastados. Judá viu o rosto de seu pai, escutando novamente seu próprio juramento, ele pedirá pela sorte de seu meio-irmão, na fraternidade.

"E Judá se aproximou ..." (Gn 44,18).

Nesta defesa exemplar, Judá descreve o amor de Jacó por Raquel, relatado sobre esse primeiro filho desaparecido, depois novamente sobre este Benjamin. Voltar sem Benjamin significaria a morte do velho patriarca. Os homens vivem para o amor, eles podem morrer também por causa do amor. Tudo fala de amor nesse longo e comovente discurso. Neste amor do homem para com sua esposa, do pai para com seus filhos, se acrescenta o amor de Judá por seu pai e seu pequeno irmão. E por amor, um homem pode oferecer sua vida por outro homem, até mesmo por todos os homens. Judá oferecerá a sua para libertar Benjamin da sua falsa culpabilidade.

E diante de tanto amor, diante desse irmão novo que ontem o tinha vendido por algumas moedas e que hoje se oferece em sacrifício de expiação, as entranhas (em hebraico *as misericórdias*) de José não podem mais se conter. José amadureceu muito. Judá e seus irmãos também tinham mudado. Caim não matará mais Abel. *Aleluia*. Alegria sobre a terra e nos céus, "pois como é bom e agradável quando os irmãos vivem unidos" (Sl 133,1).

José faz sair todos os seus guardas, toda a sua corte, e convida ao grupo a se aproximar, e ele lhes confessa seu segredo: "Eu sou José, vosso irmão". Estupefação. Silêncio.

E ainda acrescenta, para além das emoções, que tudo isso que lhes aconteceu, traduzem a vontade divina.

E agora, não se aflijam, não se irritem uns contra os outros por me terem vendido para cá; pois é para vossa sobrevivência que Deus me enviou antes de vocês, (...) Não, não foram vocês que me fizeram chegar aqui. Foi Deus: ele me fez tornar tutor de faraó. O senhor de toda a sua casa e o juiz de toda a terra do Egito.

Os homens nascem livres e iguais para amar ou odiar. Esse ódio, que poderia ter sido evitado (ele pode sempre ser evitado), Deus fez disso um lugar de provação e um solo de reconciliação.

Agora vai se realizar o anúncio feito a Abraão, quando na Aliança feita diante das partes: "Saiba que a tua descendência será estrangeira numa terra que não lhes pertence" (Gn 15,13). Do mal sai um bem!

Depois do acontecido, entendemos então a estratégia de José: levar seus irmãos a uma *teshuvá* sincera, a um arrependimento total. A tradição judaica julga o valor de um arrependimento quando, se encontram nas mesmas condições psicológicas e reais da culpa, o assunto não é mais a culpa. Ele demonstra sua força em ter triunfado de suas fraquezas.

Todas essas narrativas fundadoras do Gênesis encontrarão de maneira clara ou alusiva seu prolongamento na Lei de Moisés. Para o nosso tema, isso ocorrerá no capítulo 19 do Levítico que lhe fará eco.

O Projeto de Santidade

O Capítulo 19 de Levítico constitui o coração de toda a Torá. Ele expressa o projeto espiritual da sociedade de Israel: "O Eterno Deus falou a Moisés dizendo: 'Fala a toda a comunidade (*êda*) dos filhos de Israel e diga a eles: Sejam santos. Porque Santo Eu sou, o Eterno, vosso Deus'" (Lv 19,1-2).

Êda traduzido por "comunidade" contém mais a ideia do testemunho (**êd** = testemunha). Dentro da coerência bíblica e histórica, somente o povo de Israel testemunha Deus Um no meio de uma humanidade politeísta.[73] Segue-se um apelo à santidade. Termo unicamente religioso, a santidade (*Kedushá*) conduz à ideia de separação e de distinção no meio de uma elevação moral ou espiritual.[74] Deus é santo porque está

---

[73] Historicamente, o cristianismo e o islamismo herdarão de Israel.
[74] Para dizer separar sem elevação o hebraico utiliza B.D.L.

separado de toda imanência e de toda percepção, mesmo a intelectual. Até mesmo os anjos proclamam Sua inacessibilidade (Is 6,3).

Certamente, nosso versículo não exige de Israel que este se levante até Deus, mas de viver uma vida sobrenatural no coração da existência humana. Em outras palavras, transcender os apelos de nossos egocentrismos para nos colocarmos em situação de alteridade para com Deus e para com o nosso próximo. Esse capítulo 19 que por si só merece já um estudo à parte, se inscreve nesse espírito da letra.

Lembrando as histórias das narrativas sobre a fraternidade, e particularmente esta de José com seus irmãos, nós seremos chamados pela seguinte legislação que parece nos prevenir dos riscos do fratricídio.

Não sejas maldizente no meio do teu povo. Não sejas indiferente ao sangue do teu próximo. Eu sou o SENHOR. Não guardes no coração ódio contra o teu irmão. Repreende teu próximo para não te tornares culpado de pecado por causa dele. Não procures vingança nem guardes rancor aos filhos do teu povo. Amarás o próximo como a ti mesmo. Eu sou o SENHOR (Lv 19,16-18).

Lendo essas palavras, parece evidente que o Redator tinha em mente as narrativas sobre a fraternidade do Gênesis e aquela de José, em particular. *Não sejas maldizente,* nos faz lembrar contra José que "lhes contava sobre as más palavras deles". *Não sejas indiferente ao sangue do teu próximo,* nos faz lembrar sobre a venda de José. *Não odeies teu próximo em teu coração,* como os irmãos de José. *Repreenda teu próximo*, pois toda franca explicação permite melhor solucionar as diferenças, antes que não seja mais possível se falar em paz. *Não te vingues, não guardes rancor,* ao contrário de seus irmãos, que acabaram por vender a José. *Tu amarás teu próximo como a ti mesmo.* Essas três palavras hebraicas constituem a conclusão deste parágrafo, isto quer dizer, seu ideal. Elas aparecem como filigranas na reconciliação de José, Judá e seus irmãos.

O amor ao próximo está longe de ser natural, se fosse assim nossa humanidade viveria de outra forma. O hebraico não faz distinção como o grego entre *eros, philia* e *ágape,* o amor sensual, o amor de amigo, e o amor incondicional, pois ele lhes abrange todos segundo o contexto. Aqui o amor de *meu próximo*, deve ser entendido como *aquele que vive na minha proximidade*,⁷⁵ significa a preocupação de preencher, tanto quanto seja possível, a falta (material, psicológica etc.) de meu próximo, tarefa muito mais comprometedora do que um amor platônico pela humanidade. De qualquer modo o hebraico diz precisamente "tu amarás para com o teu próximo como a ti mesmo". Este *para* conduz a esse movimento de entreajuda, justificado pelo *Eu Sou o Eterno,* que criou todo ser humano a Sua imagem. ⁷⁶

Jacó abençoa seus filhos

Jacó desce ao Egito. Ele vai reencontrar José. Aquele que acreditava estar morto "voltou à vida; ele estava perdido, e foi reencontrado".⁷⁷ Na simplicidade da sua língua, pouco inclinado a extravasar os sentimentos, o Redator nos sugere o transbordar de felicidade vivido pelo pai e o filho: "José mandou atrelar seu carro e dirigiu-se a Gessen ao encontro de seu pai Israel. Logo que o viu, lançou-se ao seu pescoço e, abraçado, chorou longamente. Israel disse a José: 'Agora que vi teu rosto, posso morrer, pois ainda estás vivo!'" (Gn 46, 29-30).

"Leve-me uma palavra", pediu-lhe noutra vez a José. E José lhe trouxe a *Shalom* de seus irmãos. Enfim, seus doze filhos reconciliados, costurados em fraternidade, Em torno de seu velho pai, no limiar de sua partida para o mundo vindouro. Ele pode a todos abençoar, as vezes destacando com vigor as suas fraquezas. Mas a repreensão não supõe antes o amor para com o próximo? Abraão não tinha conhecido essa alegria durante a sua vida com Ismael e Isaac, nem Isaac, com Esaú e Jacó.

O pai, os filhos, tanto *Uns* como os *Outros*, formam o tríptico por onde circula a bênção divina, para que a história possa continuar e que o povo dos filhos de Israel possa nascer, como vetor de bênção univer-

---

⁷⁵ Numerosos filósofos (Spinoza, Bergson) pensaram de forma errada que esse versículo somente se aplicasse no coração da sociedade israelita, quando na verdade trata-se sobre a relação de proximidade com todo ser humano. Mas na coerência do projeto da Torá, parece também evidente que o próximo se identifique ao cidadão. A fim de remover qualquer ambiguidade, o versículo 34 acrescenta o amor ao estrangeiro.
⁷⁶ Para o amor de Deus (Dt 6,5) – O ser humano não preencher lacuna alguma do Criador, mas ele pode lhe oferecer sua fé e suas boas ações.
⁷⁷ Lc 15,32.

sal. Mais tarde, quando o povo tiver ouvido o Decálogo, fundamento de toda a lei mosaica, o Eterno Deus ordenará:

"Eles me farão um santuário, e Eu residirei no meio deles" (Ex 25,8).

Essa Presença Divina (*Shekhiná*) torna-se possível pela fraternidade entre as tribos. Com certeza, "a glória de Deus preenche toda a terra" (Is 6,4), mas ela também se torna localizável, palpável, quando os 12 irmãos, as 12 tribos vivem juntas.

12 tribos! 12, número altamente simbólico na Torá, depois nos Evangelhos, que segundo a Cabala, correspondem às 12 maneiras de combinar o Tetragrama sagrado YHWH. Essa matemática ensina que cada tribo carrega em si o divino segundo sua maneira de ser, segundo sua maneira de receber a graça divina, pois *"ser"* para a criatura significa *receber o ser* do Ser santo. Também a unidade divina se encontra proclamada pela unidade dos filhos de Israel.

Além de Israel, a unidade das simbólicas 70 nações da terra poderiam abrir a porta do Reino dos Céus, outro nome do Reino da Paz,[78] o Reino da fraternidade.

2.5 Miriam, Aarão e Moisés

O Livro dos Nomes (*Shemot*) – Êxodo

O Livro do Gênesis conclui-se com a instalação dos Hebreus na terra do Egito. Em seguida, o livro do Êxodo começa pela nomeação dos doze filhos de Jacó e o recenseamento do clã hebraico estimado em 70 almas. O Redator está tanto interessado em nomear os pais fundadores da nação israelita quanto relacionar esse povo particular com os "70", número do universal, correspondente às famílias da terra saídas de Babel (Gn 10). Particularismo e universalismo se conjugam harmoniosamente na Bíblia.

O segundo livro da Torá se chama em hebraico *Shemot* "Nomes", pois "Esses são os nomes dos filhos de Israel..." (Ex 1,1). Os Hebreus

---

[78] Cf. nosso livro *Avino shebashamayim* (Pai-Nosso que estais nos céus). Livro esse já traduzido pela Coleção Judaísmo e Cristianismo com o título: Pai-Nosso, uma leitura judaica da oração de Jesus. Cf. www.loja.sion.org.br/pai-nosso-uma-leitura-judaica-da-oracao-de-Jesus.

carregam os nomes, e os nomes os carregam, desde que eles descendem de Sem (*Shem*), o filho mais velho de Noé cujo nome significa: Nom (*Shem*). Curioso nome de família para uma criança, como se chamássemos *Pessoa* a Ulisses. Mas Noé não queria enganar com um ciclope, mas oferecer simbolicamente um destino a seu filho: tornar-se portador de um nome. Na Bíblia, o nome expressa o valor de ser ao mesmo tempo algo que se constitui como um programa de vida, um tipo de identidade lógica a se realizar. Suprimir os nomes, suprimir o *shem*, como os nazistas nos campos da morte, constitui já um crime de desumanização, um ato de *antissemitismo*. Curiosamente a terra do Egito se apresenta como a terra dos nomes ocultos.

Estreitamentos e anonimato

Egito se chama em hebraico *Mitsrayim*, palavra altamente significativa. Da raiz *tsar* = estreito, e termina com o sufixo *ayim* (duplo, masculino, plural) e se entende por "duplamente estreito". Um lugar que concentra, um lugar concentrador, enquanto uma matriz de fecundação, de onde nascerá "o povo dos filhos de Israel",[79] de um parto doloroso, à fórceps.

No livro do Gênesis, nasce o Humano e os povos, no livro do Êxodo nasce o povo de Israel. Em Gênesis começa a História por um fratricídio, em Êxodo um etnocídio:[80] o faraó vale dizer, Caim, Israel, Abel. Uma diferença, porém: em Gênesis nós conhecemos os nomes dos dois irmãos, no Êxodo não nos será nunca revelado aquele nome do soberano que permanece anonimamente faraó (*parô* = filho de - deus sol - Rê). Pois se os Hebreus oferecem uma segunda lição do monoteísmo: cada ser nasce com a dignidade de seu nome. *Mitsrayim* renega essa lição. *Mitsrayim* não importa em que país. Nós conhecemos seu ancestral: Ham, o segundo filho de Noé, Ham, o "quente", o *instintivo*, observa a nudez de seu pai, se empossando, pelo seu olhar, de seu ponto de origem (Gn 9,22). Pois o respeito, em hebraico o *kavod*, que define o "peso" moral de um ser, começa pela recusa de se identificar àquele que deve

---
[79] É o próprio faraó que utilizará pela primeira vez essa expressão (Ex 1,9). Reconhecimento de Israel pelo seu próprio inimigo.
[80] Em vez de *genocídio*, pois as filhas não são atingidas pela ordem dada.

ser honrado: a mãe, o pai, o professor e Deus. Portanto, seu nome será substituído por expressões de honra: mamãe, papai, Rabbi, *Adonai*.[81] Pai Nosso que está nos Céus, etc. "E os filhos de Cam: Cush, Mesraim, Fut e Canaã" (Gn 10,6). Israel descendente do Nome, vai hospedar-se na região do *Instintivo, do Impulsivo*. Faraó encarna, desse modo, um Caim sem nome, e um Cam que se recusa a honrar YHWH declarando: "Quem é YHWH? Eu não conheço YHWH, e não deixarei Israel partir" (Ex 5,2).

À medida que a sociedade caminha para a escravidão, constatamos que os nomes desaparecem no texto. Os sujeitos se tornam objetos de servidão, de funções, de executantes sem rosto. Em Gênesis, o fratricídio diz respeito à dois irmãos, em Êxodo dois povos. Nesse confronto que durará até ao capítulo 15 (Cântico do mar), Israel será representado por dois irmãos: Moisés e Aarão.

Uma violência crescente

Voltemos à cronologia desse confronto. A geração de José está indo embora, e os filhos de Israel se multiplicam no país. "E surgiu um novo rei que não conheceu José". Esse *novo rei* irá fazer uma varredura de todos os benefícios que José realizou no Egito. Ele trará de volta o mal em vez do bem por medo dos Hebreus, por medo dos estrangeiros que ele considera em último lugar. Seu projeto? Reduzir a sua procriação. Para isso, os homens trabalharão tão duramente nos campos, depois na construção das cidades, que eles usarão suas forças até ao esgotamento. A Torá oferece dois nomes de cidades, Pithom e Ramsés, nomes egípcios cuja fonética hebraica oferece um eloquente significado: "boca do abismo" e "colapso". O inferno concentrador em outras palavras. A esses trabalhos forçados se acrescentava o ódio da população.

Se a narrativa de Caim e Abel se expressa em alguns versículos, o Redator gasta tempo em relatar longos detalhes as condições do fratricídio. Ele nos adverte contra toda forma de totalitarismo. Apesar dessas medidas draconianas, o povo continua a se multiplicar. O Midrash ofe-

---

[81] *Adonai* significa "Meu Senhor", um plural de majestade. A nova tradução da TEB substituiu Yahve, sempre pronunciado na leitura judaica por "SENHOR".

recerá o mérito às mulheres que se enfeitavam diante dos seus espelhos de cobre para seduzirem seus esposos e continuar a gerar filhos.[82] Diante dessa realidade, o faraó foi adiante com uma etapa a mais, ele pede a duas sábias mulheres Shifra e Pua, de matar os meninos quando saíssem da matriz.

Curiosamente, elas têm nomes, mantidos para a posteridade, enquanto o faraó permanecerá um ilustre desconhecido. Por quê? Pois elas se tornam as primeiras resistentes da História, contra um déspota. "*E elas temeram a Deus,* e elas deixaram viver os meninos". O que é esse temor de Deus? O fato de escolher a vida em vez da morte. Cada vez que a Torá menciona esse temor (que não é um medo, mas uma veneração), ela se refere a essa escolha de vida. Diante do faraó, elas ousaram mesmo apresentar uma piedosa mentira, afirmando que as Israelitas davam à luz sem elas. Finalmente: "Então faraó deu esta ordem (*vaytsav*) a todo o seu povo: 'Lançai ao rio todos os meninos hebreus recém-nascidos, mas poupai a vida das meninas'" (Ex 1,22).

O Nilo, divindade egípcia, engolia os bebês em sacrifício ao seu poder tutelar. Nós somos o oposto do não-sacrifício de Moriah. Para acrescentar a antinomia, lembremos que o verbo *vayaatsav* oferece a palavra *mitsvá*, "mandamento" de Deus. O faraó ordena para matar. Deus ordena para viver! Dois universos diametralmente opostos.

Coragem das mulheres

Se no primeiro capítulo do Êxodo apresenta-se de maneira global o início da escravidão, já no segundo capítulo vemos sobretudo o nascimento de Moisés. Quando as mulheres grávidas percebem que são vigiadas, por causa da possibilidade de terem meninos, uma mulher da tribo de Levi (saberemos depois que ela se chama Yokeved)[83] conseguiu esconder o seu do olhar dos guardas. A história conhecida nos ofereceu um filme: ela colocou-o ternamente numa cesta de vime, o colocou

---

[82] Segundo esse Midrash, esses espelhos de cobre servirão para constituir a bacia para lavar as mãos e os pés no templo durante o período no deserto.
[83] De *Kaved* "peso" (quem se oferece respeito) que evoca antes o peso do exílio, ligado ao *coração pesado do faraó* (Ex 7,14).

sobre o Rio Nilo e pediu a sua filha (saberemos depois que se chama Miriam)[84] de acompanha-lo, à mercê de Deus, esse Deus que observa sem agir desde a narrativa de José e seus irmãos.

Essa pequena jangada frágil chega diante do palácio do faraó onde sua filha se banha. Ela descobre o cesto, reconhece um bebê hebreu (circuncisão, vestimenta de escravo ou simples dedução?) e "teve compaixão dele" (Ex 2,6). Nesse olhar jorra toda uma humanidade que uma mulher pode oferecer sobre um pequeno pedaço de Homem de carne e de sangue, entregue a si mesmo. O verbo H.M.L "compadecer-se", isto é, "sofrer com", é iniciado por H.M. "*ham* – "quente", mas também pelo filho muito impulsivo de Noé, na origem de *Mitsrayim*. Mas a última letra L (*lamed*) a maior do alfabeto hebraico, que sobe ao céu (ל), introduz a dimensão do conhecimento, do saber (*lamed* significa aprender) e que canaliza a pulsão no sentido do bem do Céu, da vontade divina. A piedade se fez graça!

Esses pequenos versos se opõem aos precedentes feitos de violência e de ódio. Lá, os homens oprimem e matam, aqui três mulheres se ocupam com o futuro de um bebê que vale um mundo inteiro (M. *Sanhedrin* 4,5). Refrão bíblico onde as mulheres escrevem o futuro contra os loucos assassinatos dos homens. Uma mãe biológica, uma irmã e uma mãe adotiva, da própria raça do faraó estão bem na origem do infame decreto. Os piores inimigos do ser humano podem nascer da prole amorosa da justiça e do amor sem fronteiras.

Essa jovem mulher de nome desconhecido (no primeiro Livro das Crônicas 4,18), descobriremos seu nome: Batiah "filha de Yah, Deus), nomeia seu filho adotivo: Moisés que significa "retirado (da água)". Esse pequeno encontrará mais tarde sempre esse elemento "água" *mayim* (a água do Nilo em sangue; a abertura e o fechamento das águas do mar dos Juncos ou a água do rochedo que lhe custará o bilhete de entrada na terra prometida, etc.). E, simbolicamente, ainda sair da água e fazer sair os outros da água, significa (fazer) sair do anonimato, do informal (a água não possuindo forma própria). Para Moisés, Deus liberta de *Mitsrayim*, quer dizer, Ele liberta de *tsar mayim* "estreiteza das águas" para conduzir Israel "para uma terra boa e espaçosa" (Ex 3,8).

---

[84] Da raiz *mar "amargor, dor"* (Dores) pois "eles lhes tornaram a vida amarga" (Ex 1,14).

Em resumo, duas parteiras, três mulheres sábias escrevem o futuro do mundo por causa da sua coragem, gritando "Não" à morte do Homem, "Não" ao faraó, a Herodes ou a Hitler. Solidariedade das mulheres, daqueles que sustentam a vida contra o absurdo dos fratricídios. Colocar seus filhos no mundo para que eles se tornem soldados ou vítimas, que estupidez! Que trágica ironia!

Moisés para junto de seus irmãos

A Bíblia dificilmente se interessa pelas biografias dos seus protagonistas. O Redator propõe uma narrativa neutra da qual nós, leitores, tiramos nossas lições de fé (*emuna*). As informações existenciais, geográficas ou temporais visam sempre aquele campo. O que nos oferece o texto dos anos iniciais de Moisés? Segundo a aceitação da princesa, ele foi amamentado por sua mãe até o desmame, depois: "Certo dia, quando já adulto, Moisés, dirigiu-se para junto de seus irmãos e viu sua aflição..." (Ex 2,11). Constatamos que essa juventude não interessa ao nosso Redator, como também a juventude de Jesus para os Evangelistas (exceto alguns detalhes, significantes). De fato, ele nos apresenta logo um homem ocupado de fraternidade e de empatia para com os oprimidos. Aqui está Moisés: um anti-faraó. O poder, as honras, o trono não importam para ele. Primeiro gesto mosaico: Ele *sai* rapidamente do luxuoso local principesco e *vai* em direção dos seus irmãos? Movimentos Abraâmicos. Quais irmãos? Aqueles de sangue, os Hebreus, ou de adoção, os Egípcios? Os dois, responde o exegeta Abraão Ibn Ezra (1089 – 1167) a quem aprovamos. Moisés permanecerá um homem de dupla cultura, Hebraica e Egípcia. Particularista e Universal. Sua fraternidade não é eletiva, mas se dirige a todo rosto.

"Moisés viu o seu sofrimento". Não à maneira da mulher de Lot que, fugindo de Sodoma que está sendo destruída, olha para trás, e acha que está tudo bem para ela (Gn 19,26), mas à maneira do Justo que sofre com os infelizes e que carrega os seus fardos em seu coração. O versículo prossegue:

"E viu um homem egípcio bater num homem hebreu, um dos seus irmãos" (Ex 2,11).

Duas menções de *irmãos* nesse versículo. Moisés procura a fraternidade. Em vez disso ele descobre a violência de um *Caim* atingindo um *Abel*. Do meio de *seus irmãos* em humanidade, Moisés viu um "homem egípcio" bater "um homem hebreu". Um homem golpeia um homem! Pode ser possível ser "homem" e golpear "seu irmão"? Moisés se dá conta concretamente da lei do mais forte sobre o mais frágil, *idem* pelo mundo físico ou animal. No coração dessa opressão generalizada, nos campos de Gessen, Moisés não se satisfaz com as belas construções feitas pelos escravos, as imagens esculpidas para glorificar faraó, ele não vive mais numa inocente alegria de si mesmo, ele sabe que existem corpos reféns da indecência humana. E o seu olhar pousa sobre um guarda chicoteando um infeliz por terra.

"Ele olha ao seu redor, e vê que não existe homem algum. Ele golpeia o Egípcio e o enterra na areia".

Não conhecemos os nomes desses homens, pois eles representam todos os carrascos de ontem e de hoje, e todas as vítimas de ontem e de hoje. Essa violência invade Moisés, e o obriga a reagir para fazer justiça, como mais tarde ocorrerá nos poços de Madiã (Ex 2,17). Olha rapidamente à direita e à esquerda: nenhuma testemunha; ele golpeia o Egípcio, ele o mata (mesmo se o texto não utiliza esse verbo) pois o enterra. Aqui está o sentido óbvio de uma ação eficaz. Mas outra leitura pode se oferecer sem forçar o texto. Outra palavra (*davar aher*) ligada às mesmas palavras.

O que ele viu antes de mais nada? Um *homem* egípcio golpeia um *homem hebreu*, mas olhando para lá e para cá, não no sentido espacial, mas moral, a saber em direção ao carrasco e em direção a sua vítima, "ele viu que não havia *homem* algum". Pois o sistema concentrador desumaniza seja a vítima, seja o carrasco, assim pode funcionar e pode sobreviver na sua perversidade (gulag, campos de concentração, jahidismo etc.).[85] Porque o carrasco se desumaniza (ou é desumanizado), então a vítima termina por se desumanizar (Primo Levi), exceto por resistir a um preço de uma coragem titânica. Moisés não golpeia um "*homem egípcio*", mas um egípcio ausente em sua humanidade. Jankelevitch es-

---

[85] Tristemente desolado por esse "etc.".

creveu: "O nazista é um homem por acaso". Nada de humanidade: nada de fraternidade. "A banalização do mal" que nos fala Hanna Arendt significa que o ser humano perde sua humanidade diante da engrenagem de um sistema anônimo; onde a sua imagem divina se apaga atrás da lama do ódio.

Shoah, o filme de Lanzmann, testemunha isso: "Eu, somente conduzia o trem para alimentar minha família", "Eu, vendia o gás, é o meu ofício"; "eu, como contador, vejo os homens ou os objetos reduzidos a números", "eu, sou um soldado, eu obedeço às ordens", etc. Cada um inocente e todos culpados! Eis aí a perversidade final, pois a justiça é tomada como uma falta. Então, como julgar? A solução para Moisés: tomar a defesa do mais frágil. *Medida por medida*, Moisés aplica o princípio da lei do mais forte contra o tirânico, enquanto entra no jogo doentio da violência que gera a violência.

Uma questão se coloca diante da consciência moral: a não-violência custe o que custar, ou a violência talvez seja necessária contra a violência? Até que ponto? Como limitar a violência? Sem dúvida será necessário separar a violência que se justifica por si mesma (o fascismo) daquela outra violência que vai se opor a essa justificativa cega (resistência).

O que Moisés irá descobrir no dia seguinte vai ultrapassar seu entendimento. Pois dessa vez dois Hebreus, dois escravos, duas vítimas da opressão se golpeiam, contra toda expectativa de solidariedade. A violência seria algo incontornável em nossa humanidade?

"E ele disse ao perverso: "Por que golpeias teu próximo?"

Silêncio impossível para Moisés. Sua consciência moral não o deixa nunca descansar. Imediatamente, ele nomeia aquele que levanta sua mão por *rasha* "perverso". "O Justo é o fundamento do mundo" (Pr 10,25), mas o malvado o destrói. Os Sodomitas tinham já recebido esse triste título de fazer violência contra o estrangeiro (Gn 13,13). O *rasha* recusa-se a tecer a fraternidade, pois ele quis justamente brigar com o outro. Ele recusa a se situar diante do *Pai Nosso que estás nos Céus*.

No início do versículo encontramos "perverso", e no fim do versículo "teu próximo". O mesmo termo no coração do Levítico (19,18): "Tu amarás *teu próximo* como a ti mesmo". Israel sairá do Egito para sair dessa violência fratricida, para receber a lei do amor.

Moisés interpela o agressor, como Deus interpelou Adão ou Caim, por uma questão "por quê?". Moisés permanecerá sendo o homem do "por quê?" colocado diante dos seres humanos ou diante de Deus. Ele quer compreender seja a origem da violência como a maneira que Deus age na História,[86] o que o fará distinguir-se dos Patriarcas que aceitam na fé as provas do Céu.

A fuga de Moisés

E diante dessa violência, na qual ele mesmo se colocou dentro, Moisés se desespera da humanidade, da fraternidade. Ele se desespera que toda relação humana se fundamente sobre a lei do mais forte, uma relação dominante-dominado, mesmo entre as vítimas. Teria ele tido vergonha de sua própria violência? Então, ele fugiu para a terra de Madiã, situada na península do Sinai. Quando chega, ele encontra mais violência ainda da parte dos pastores contra as pastoras, filhas do sacerdote Jetro, e de novo, Moisés assume o papel de justiceiro defensor dos mais frágeis. Notemos que, até agora, ele não tinha ainda encontrado a Deus. Ele se instala na casa de Jetro, desposa uma das suas filhas, Séfora (*Tsipora* = Ave), e se torna seu pastor. A hospitalidade Abraâmica, o amor de uma mulher, sua paternidade através de seus dois filhos Gerson e Eliezer, e sua vida de pastor no deserto pacificam seu coração. Ele poderia viver até se aposentar e até seu último suspiro, se não houvesse acontecido um fenômeno que irá revolucionar a sua vida e por consequência a vida de Israel, e de algum modo também de monoteísmos posteriores. Quando ele pastoreava seu rebanho: "Um anjo do SENHOR lhe apareceu numa chama de fogo no meio da sarça. Ele viu que era uma sarça que estava em chamas, mas não se consumia" (Ex 3,2).

Desde a sua última palavra dirigida a Jacó (Gn 46,2), Deus está mudo; ou ao menos pessoa alguma O tinha escutado. Os mais fortes dominam os mais frágeis, essa é a História. Mas Deus está de volta, e Ele se aproxima de Moisés no exato momento quando Moisés se aproxima dos homens. Pois o ser humano somente se aproxima do divino a

---

[86] O Talmud atribui a Moisés o livro de Jó que trata essa temática.

partir da sua capacidade de se aproximar de outro ser humano. Porque ele viu seus irmãos em fraternidade, ele pôde perceber a Presença divina segundo sua humanidade.

Regra imutável do discurso profético. Essa disponibilidade da alma de Moisés a partir do fato de que ele vê aquilo que os outros não veem: uma presença de vida no coração de uma sarça[87] anônima no deserto. Por essa capacidade de "*hiddush*", de renovação do olhar sobre o mundo (assim também acontece com o "*hiddush*" do estudo), ele encontra um poder de fogo que retém sua força de consumo. Moisés percebe a mensagem, mas não a compreende, pois o que lhe é oferecido não pertence a sua memória. Numa atitude pré-científica, ele se aproxima mais para ver o fenômeno. Ele não suspeita que encontro haverá no final desse passo: o encontro com o Eterno Deus.

Um poder humilde

"Lá onde encontras a grandiosidade do Santo Deus, bendito seja Ele, lá também encontrarás a sua humildade" nos declara o Midrash. Pois essa força que retém todo o seu poder de não consumir todo seu suporte vegetal traduz o gesto divino do Shabat das origens (Gn 2,3). Deus criou o mundo por seu Santo Poder de Vida, depois Ele se fez humilde para que o mundo, o Outro, seja! A virtude da humildade não é a ausência de poder, pelo contrário, ela contém toda a sua força para não a exercer.[88] Notemos a diferença entre o humilde e o humilhado, entre aquele que se domina e daquele que nós esmagamos. "Quem é o homem forte? Aquele que domina a sua paixão", isto quer dizer, que se domina a si mesmo (M. *Avoth* 4,1).

De repente, essa pequena sarça do deserto simboliza Israel no seu sofrimento, simboliza todas as vítimas da História, seja pelas forças agressivas, militares, econômicas, que querem prevalecer, mas que Deus sustenta. Um fogo que não queima, mas ilumina, que não destrói, mas consola.

---

[87] Em hebraico "*Sene*" sarça, oferece "*Sinai*", lugar da sarça.
[88] Pensemos num átomo, que constitui toda as coisas (*davar*), que possui uma força de poder de destruição massiva, mas retida pela *davar*, pela palavra Daquele que falou e o mundo se fez. Nós prezamos pelas bombas atômicas enquanto Deus transforma os átomos em flores.

Do meio do arbusto se apresenta a voz do SENHOR. Moisés passa do ver para a escuta. O anjo de Deus preparou a consciência de Moisés. Nada de excessos ou de precipitação em matéria religiosa de medo de se queimar ou de queimar os outros com suas verdades religiosas.[89] YHWH chama, enquanto poupava seu profeta. O encontro com o divino se faz de modo progressivo. YHWH não se deixa descobrir imediatamente. Necessidade saudável de se passar por etapas, por patamares, por "palácios" ensinam os kabalistas. A escada de Jacó não se apoia pela terra antes de se elevar num tempo fora do tempo, até o Céu onde está o Eterno Deus?

O chamado de Deus

E essa voz de amor, essa *voz de um doce silêncio* (1Rs 19,12) germina "Moisés! Moisés! Chamando duplamente, em sinal de afeição (Rashi), Deus confirma o nome de adoção oferecido por Batia, sem negar a relação do profeta com a tribo de Levi (Ex 6,16). Antes de falar aos Seus profetas, Deus os nomeia (Abraão, Jacó ou Samuel). Por sua divina voz, Ele mostra o caminho do diálogo em fraternidade: "Com quem tu falavas antes de falar?". Nada de intruso ou de improvisado, nada de arrombamentos da liberdade, mas um chamado, tão poderoso e tão verdadeiro que ele somente pode ser um convite ao amor do bem-amado. "Cubra-me com os beijos de tua boca..." (Ct 1,2).

Moisés responde: *Hineni* "Eis-me aqui", como seu antepassado Abraão. *Hineni*, essa resposta do Justo aos apelos de fraternidade; engajamento total ao serviço do amor de Deus. De agora em diante, sua justiça, sua retidão, seu sentido de equidade não procederão mais da sua própria reação, mas serão comandadas pelo divino Pai.

O chamado prossegue por um gesto a ser cumprido. O SENHOR lhe pede para retirar suas sandálias. O homem deve sempre se lembrar que ele vem do pó e que ele retornará para pó (Gn 3,19). Esse pensamento convida tanto à humildade que ela relembra a cada instante como uma graça infinita. "Retira tuas sandálias de teus pés" se compreende tam-

---

[89] Cf. Livro do Rabino Phillippe Haddad *Elias e Jonas, profetas ao extremo*.

bém pelo Midrash: quebra os hábitos que te prendem:[90] cada sopro de tua vida expressa tua ressurreição (inspiração após expiração), uma vitória sobre sua própria finitude e tua mortalidade. "Cada dia é um mundo completamente novo", repetia Rabbi Nahman de Breslav.

Então acrescentou: "pois a terra que tu pisas é *terra de santidade*",[91] e não *terra santa*. Nenhuma terra o é, nem Jerusalém, nem Roma, e nem Meca. Somente Deus se assenta na sua tríplice santidade (Is 6,3). Moisés cumpre, ao mesmo tempo que ele penetra mais profundamente na sua parte divina interior, a mais luminosa. Pensamos nesse magnífico quadro de Raymond Moretti *Le buisson ardent (a sarça ardente)* pintado a partir dos *yods*.

"E YHWH disse a Moisés: "Eu sou o Deus de teu pai, o Deus de Abraão, o Deus de Isaac, o Deus de Jacó"; e Moisés escondeu a sua face pois ele temia contemplar YHWH".

"O Deus de teu pai"? Nunca antes nem depois Deus tinha se apresentado assim. O Midrash oferece uma pista envolvente de acordo com o sentido óbvio. Moisés escuta *seu pai*. Essa voz divina interior não faz eco ao *ego* solitário, à voz dos nossos sonhos, mas traz consigo a primeira alteridade que traz a Lei do amor, além da mãe. Deus fala como um Pai, grande lição de Jesus depois. Após a dupla nominação de Moisés, após ter estabelecido *no man's land* e *no God's land*, isto é, o espaço sabático vazio do transbordamento dos dois seres, o meio possível do encontro, o Eterno Deus declina Sua identidade imanente, integrada na liturgia de Israel até ao memorial Pascal, ou memorial de Páscoa.

O Nome inefável

Moisés se prostra por terra para não se apropriar do olhar de Deus, e permanecer na ordem da escuta. O olhar congela o tempo[92] (uma foto), a escuta abre a um tempo infinito (do que foi *dito* ao o que *dizer*). Essa infinidade se expressará no nome inefável. Pois Moisés não se deterá no *Deus de Abraão, de Isaac e de Jacó,* ele pedirá para conhecer o Nome,

---

[90] *Naal* = sandália e fechamento.
[91] O hebraísta sabe que a forma *admat koddesh* é um estado construto, portanto, "terra de santidade". Terra santa se diria *adamah kedushah*.
[92] A fé cristã ortodoxa se apoia sobre o ícone para ouvir este para além do visível, de onde vêm as regras precisas para sua composição.

o *Shem*. Moisés se importa com o nome, com o nome de Deus, com o nome do Homem, se importa com a fraternidade. Moisés- *Moshé* (משה) lido ao contrário oferece surpreendentemente HaShem (השם), o Nome.

E numa única vez, Deus revela Seu Nome Santo:

Eheyé Asher Eheyé – אֶהְיֶה אֲשֶׁר אֶהְיֶה.

A tradução exata oferece "Eu serei quem Eu serei". Santo Agostinho (354-430), entendeu: "Eu vivo eternamente", isso confirma o hebraico por sua forma perfeita, isto é, o Ser Eterno.[93] Daí é que veio a tradução judaica e protestante "o Eterno". O Nome divino é um verbo, o Verbo de todo começo (Jo 1,1). Esse nome designa a Verdade de Deus percebida por Moisés. Essa verdade nos é revelada pela Gematria,[94] de "Eheyé", ou seja: *aleph* + *he* + *yod* + *he* = 1 + 5 + 10 + 5 = 21.

אֶהְיֶה   אֲשֶׁר   אֶהְיֶה

21   x   21

21 x 21 = 441 corresponde ao valor de אֱמֶת = "VERDADE".

Certamente, se um espírito matemático pode sempre se servir da *gematria* para todos os tipos de conclusões, nos parece interessante compreender essa interpretação coerente com o sentido do versículo. Santo Agostinho propôs essa bela leitura: "Se você não pode compreender meu Nome quanto à natureza, saiba o meu Nome de Amor".

Contudo esse nome não será nunca utilizado, não tendo sido revelado a outros, mas somente a Moisés (e a nós leitores), pois Deus acrescenta:

> Assim dirás aos filhos de Israel, YHWH, o Deus de vossos pais, o Deus de Abraão, de Isaac, de Jacó me enviou até vocês: esse é Meu Nome para sempre e eis Meu título de geração em geração.

As únicas definições de Deus na Bíblia e na liturgia serão de fato o Tetragrama (pronunciado *Adonai*: "Meus Senhores", no plural majestá-

---

[93] No hebraico bíblico existe o perfeito (aquilo que é atualmente) e o imperfeito (aquilo que será). Se Deus diz atualmente "Eu serei", é que Ele já é, e, portanto, que Ele sempre foi.

[94] Do grego "geometria", a *gematria* faz corresponder ao seu valor numérico (as letras são sinais que servem tanto para contar - números ou para contar - dizer). As 9 primeiras letras representam as unidades, as 9 seguintes são as dezenas e as quatro últimas, as centenas.

tico) e o *Deus de Abraão, de Isaac, de Jacó*. Em outras palavras, a relação com Deus se faz em dois níveis, o Tetragrama **Y HW H** contração de **H** (**H**AYA – PASSADO – Ele foi), **HW** (**HOWE** – PRESENTE – Ele é) E **Y** (**Y**IYE – FUTURO – Ele será), referindo-se à transcendência divina, e o "Deus dos Patriarcas" que se revela na História pelos Justos.

As reticências de Moisés

Após esse momento fundador do estabelecimento do diálogo entre o Eterno Deus e Moisés, esse compreendeu estar investido de uma missão de salvação bíblica:

> E agora, o grito de aflição dos israelitas chegou até Mim. Eu vi a opressão que os egípcios fazem pesar sobre eles. E agora, vai! Eu te envio ao faraó para que faças sair o meu povo, os israelitas, do Egito.

Em Gênesis, Deus promete uma descendência, uma terra, ou então pede aos Seus personagens a se superarem. No Êxodo Ele convoca Moisés para fazer libertar os escravos. A prova não diz respeito a fé do profeta, mas consiste em reconduzi-lo na História. O Céu o obriga a viver no meio dos homens, nas suas violências, nas suas reclamações. E Moisés vai então usar de todo tipo de argumentos para resistir ao Eterno Deus. O que ele experimentou já lhe disse o suficiente das fraquezas humanas, das suas trapaças e da sua rivalidade. Deus terminará por impor essa escolha, passando por Aarão, seu irmão mais velho.

Amram e Yokeved tiveram três filhos: Miriam, a mais velha, Aarão e Moisés. A Torá não nos fala nada sobre suas relações fraternais no Egito. Parece que depois da sua fuga, Moisés tenha rompido com sua família. Isso, porém, não quer dizer que ele a tenha esquecido.

Entre os argumentos de recusa, o Midrash sobre o Êxodo ilumina algo sobre um: Moisés, o último nascido, não quis ser eleito antes do seu grande irmão Aarão Os rabinos imaginaram esse diálogo: "Antigamente, tu preferiste o mais jovem do que o mais velho e Caim matou Abel, e se Aarão me invejasse como Caim?" O Santo Deus, Bendito seja Ele, respondeu: "Com certeza, Aarão teu irmão o levita, Eu sei que ele falará (ao faraó); e eis que ele vem ao teu encontro, ele te verá e se alegrará em seu coração" (Ex 4,14).

Em outras palavras: "não somente Aarão não te invejará de modo algum, mas ele se alegrará *em seu coração.*". Ora, quem pode afirmar a sinceridade de uma alma, a não ser o SENHOR que sonda os rins e o coração? (Jr 11,20).

O temor legítimo de Moisés de ser confrontado com as violências dos homens, aos potenciais fratricidas (e a travessia do deserto não será um trabalho fácil e bem remunerado), irá ser atenuado pela presença do sincero irmão em sua fraternidade. Se Moisés se reconecta com o arquétipo de Abel, ambos "pastores de pequeno rebanho", Aarão garante plenamente a reparação da falta de Caim. Aquilo que o Eterno Deus quis oferecer a Caim, pela sua recusa, a saber, a responsabilidade de abençoar, ele oferecerá a Aarão – Caim corrigido – no livro dos Números: "Fale a Aarão e a seus filhos, assim vocês abençoarão os filhos de Israel..." (Nm 6, 23-27).[95]

A história da saída do Egito apenas começou, mas ela não pode começar a não ser pelo regozijo e pelo amor gratuito de um irmão para com o irmão mais novo que foi escolhido por Deus. Grande lição de humildade!

A ópera de Schönberg

"Moisés e Aarão" (*Moses und Aron*) é uma ópera em três atos de Arnold Schönberg, criada em 1954 e que se inspira no Êxodo. A obra original permanece incompleta, por causa do terceiro ato inacabado. Um sinal? Esse compositor judeu que teve que fugir da Alemanha Nazista, não pôde terminar uma composição que dizia respeito à fraternidade. Um monstruoso Caim, que colocou a Europa em fogo e em sangue e que exterminou tantos "Abeis" em tantas frentes e nos campos de extermínio, teria impedido o compositor ir até o objetivo do seu trabalho? Curiosamente, o alemão *Kein* (fonética de Caim) remete ao negativo, à negação.

Desde aquele horror, netos da Alemanha/Germânia queriam se reconectar com os netos dos sobreviventes no Estado de Israel. Um terceiro ato pacificado...

---

[95] Cf. nosso capítulo sobre *Caim e Abel*.

CAPÍTULO III
Ler os evangelhos

3.1 Intenção da Escritura

Jesus, seus discípulos e seus ouvintes estavam como que banhados numa atmosfera judaica e num ambiente religioso monoteísta que contrastava com a presença massiva e militar das legiões de Roma, e das concepções politeístas do oriente médio e greco-romanas.

O templo se erguia sobre uma das colinas de Jerusalém, sem imagem alguma, as sinagogas celebravam a entrada do Shabat e os dias de festa (dias de folga), a segunda e a quinta-feira (dias marcados), os fiéis que escutavam a leitura da Torá, sua tradução em aramaico e frequentemente também os comentários que lhes ofereciam o significado. Os Salmos constituíam o coração da liturgia, e os versículos bíblicos se introduziam nas conversações cotidianas, como os ditados e provérbios na nossa linguagem atual. Uma citação abria então todo um universo mental, fazendo reviver os personagens de tempos antigos e atualizavam-se os seus discursos proféticos, Abraão, Moisés, Davi e Ester surgiam do além túmulo, tal como atores quando a cortina se levantava.

Nesta época mestres, instalados em suas casas de estudo ou itinerantes, ensinavam a Torá segundo uma metodologia (*Midrash*) que remontava historicamente a Esdras (século V a.C.) mas que se conectava diretamente com o próprio Moisés. Esta abordagem aumentava a vida do texto que se tornava então pretexto para novas e plurais leituras.

Em resumo, não havia separação entre a Sinagoga e o mundo profano, pois a fé interferia nas consciências no cotidiano. A vida judaica, na época de Jesus se assemelhava mais do que se vive hoje em Jerusalém do que em Tel Aviv.

Sem dúvida alguma, eis o ambiente no qual está imerso Jesus; e sua encarnação no meio das pessoas, se fixou antes no meio das ovelhas perdidas *de Israel*, na Galileia, em Tiberíades e em Jerusalém, isto quer dizer, no coração da Judéia na época romana.

Esses dados históricos permitem fazer a ligação entre o que diz a Bíblia Hebraica (a *Tanakh*) e sua tradição oral (que será colocada por escrito a partir do início do século III d. C.) e os ensinamentos de Jesus (redigidos no final do século I, por seus evangelistas).

Desta terra de memórias Jesus fará germinar tanto lições fiéis ao espírito e a letra do judaísmo, como lições originais e que desde então, tem embebido a alma cristã.

Para a redação das páginas que se seguem, nós conservamos nosso *ponto de partida* utilizado nos trabalhos anteriores, e conforme o espírito do Vaticano II: redescobrir os ensinamentos de nosso Rabbi em suas fontes judaicas.

Nossa metodologia permanece, portanto, aquela do *Midrash*, da "procura" de sentido que pode sugerir o texto, um sentido para iluminar a fé e para iluminar nossas vidas. Infelizmente, para ler os Evangelhos, não temos um texto hebraico, com todas as nuances que oferece a palavra na sua imediata leitura. Portanto, tentaremos descobrir algo de aramaico ou um hebraico disfarçado sob o francês, ele mesmo traduzido do grego. Trabalhando desse modo, esta terra a qual pisou Jesus, poderemos aí nos deparar com encontros frutuosos entre a língua de Victor Hugo e aquela de Isaías.

Enfim, gostaríamos de lembrar a nossos irmãos e irmãs cristãos, sinceramente, que nossa intenção não foi a de fazer apologia do judaísmo, nem crítica à crença cristã. Ela se inscreve no mesmo projeto deste livro: estender uma mão fraterna aos leitores que nos dão a honra de ler essas modestas reflexões. Pois "como é bom e agradável quando os irmãos (e irmãs) vivem juntos" (Sl 133,1).

O contexto de um nascimento

A fraternidade não surgiu imediatamente nem em Gênesis – de Caim e Abel até a José e seus irmãos – nem no Êxodo, onde a violência se expressa seja no topo do poder, como também no meio dos escravos.

No início do Êxodo, Moisés correu o risco de se afogar no Nilo, se não fosse a coragem de algumas mulheres, primeiras resistentes da História.

O contexto do nascimento de Jesus no Evangelho de Mateus retoma esse tema: um Salvador em perigo, desde o seu nascimento.[1] No Êxodo o rei tem o título de faraó: no Evangelho, ele traz o nome de Herodes, tragicamente famoso por sua crueldade.[2] Seja aqui ou lá, uma estrela anuncia uma esperança. Seja aqui ou lá, a mesma matança de inocentes, de infanticídio que anuncia o fratricídio.

Que as narrativas correspondam a uma realidade histórica ou não têm pouco valor a nossos olhos de fé, judeus e cristãos, pois nossa abordagem nunca quis ser universitária, mas espiritual e ética. Ela sempre existiu, e não vão acabar tão cedo, por meio de faraós e Herodes prontos para eliminar seus oponentes, mesmo que sejam crianças.

José e Maria, avisados do perigo, deixam a Judéia para o Egito, tirando apressadamente dali a sua descendência. Um bebê transportado por um inquieto casal que guarda consigo, inconscientemente, as sequelas das suas angústias paternas. E o mistério de Deus que se faz homem, implica, nessa fé, que Jesus conheceu, na sua carne e na sua alma, as alegrias e tristezas, a ternura e a cólera, as aspirações e os medos humanos. Como Jesus não seria sensível mais tarde contra essas violências arbitrárias e selvagens? Como não tomaria ele a defesa dos infelizes, dos explorados, dos rejeitados, seja pelo poder romano, herodiano, seja no plano religioso, por causa de um rigorismo excessivo? Como Moisés que defende os escravos, Jesus declara: "Bem-aventurados os pobres (em espírito).[3] Fraternidade presente aqui e também lá!

Na derradeira e última *tentação*, que faz o diabo a Jesus (Mt 4,8 e Lc 4,6) de renunciar a essa fraternidade entre os homens e aceitar o jogo da divisão (diabo, *diábolos*, significa *divisor*) e romper, portanto, em vez de costurar a História com o fio do amor.

A resposta de Jesus, de um para outro, se encontra na Torá do Pai que ele não vai revogar um iod, nem a sua característica inicial. Em seu contexto histórico, o diabo e Jesus dialogam em hebraico ou aramaico,

---

[1] O midrash retoma esse tema igualmente com Abraão correndo perigo por causa de Nimrod.
[2] Ele executou toda a sua família por medo de um complô.
[3] Segundo Lucas ou Mateus.

e o iota grego traduzido pelo yod (׳) a menor letra do alfabeto hebraico, inicial do Tetragrama Sagrado, encimado por uma fina linha no rolo da Torá e a mais humilde consoante.

"Tu amarás o SENHOR (YHWH) teu Deus: e somente a Ele servirás" responde *Yeshua*. Citação com certeza aproximativa,[4] mas que combina os versículos bíblicos altamente significativos. Se o *diabolos* divide as pessoas, o Deus Uno, o Pai, quer unificar Seus filhos nas suas diferenças.

Aqui está o contexto histórico, espiritual e psicológico que inaugura, a nossos olhos, essa fraternidade que Jesus vai ensinar ao longo de toda a sua vida terrestre, e que ele revelará a Saul – Paulo sobre o caminho de Damasco. De fato, "Saul, Saul, porque me persegues?" (At 9,1) não poderia remeter àquele outro chamado divino feito a Caim (Gn 4,9)? Ou àquele outro apelo feito por Moisés ao Hebreu que batia num companheiro (Ex 2,13)? Bíblica coerência.

3.2 Quem são meus irmãos?

Uma questão "católica"

A fraternidade se reduziria a um caso de família? Com certeza pela leitura das narrativas da Torá, podemos responder com a afirmativa, já que esta fraternidade se desenvolve no coração de uma família, aquela de Adão e Eva, ou aquela originada por Abraão e Sarah. Mas a fraternidade também ela não está apresentada como um projeto para a humanidade segundo o ensinamento de um Isaías ou de um Zacarias? Um projeto *universal*, etimologicamente *católico*? Vejamos como Jesus considera isso:

> Enquanto Jesus estava falando às multidões, sua mãe e seus irmãos ficaram do lado de fora, procurando falar com ele. Alguém lhe disse: 'Olha! Tua mãe e teus irmãos estão lá fora e querem falar contigo'. Ele respondeu àquele que lhe falou. 'Quem é minha mãe, e quem são meus

---

[4] Trata-se de um "colar" de citações tiradas de alguns versículos: Dt 6,13; também Ex 34,14, Dt 32,39 e Is 43,10. Os Evangelistas nem sempre são precisos, ou então isso significa que as fontes são citadas de memória como numa conversa entre piedosas pessoas.

irmãos?' E, estendendo a mão para os discípulos, acrescentou: 'Eis minha mãe e meus irmãos. Pois todo aquele que faz a vontade do meu Pai, que está nos céus, esse é meu irmão, minha irmã e minha mãe'. (Mt 12, 46-50)

Narrativa surpreendente, como muitas das narrativas evangélicas. Jesus ensina às multidões e aos seus discípulos, tanto quanto ensina a nós, leitores, sobre sua definição sobre a parentalidade e, portanto, sobre a fraternidade. Analisemos!

O público? Antes de tudo a multidão (grego: *oklos*), sempre anônima, nos Evangelhos. Em hebraico, o termo envia à *hamon* (המון) [5] que aparece com a mudança do nome de Abrão para Abraão: "Pois pai de uma multidão (*hamon* multidão) Eu te tornarei" (Gn 17,3). Aqui, o evangelista não está pensando em termos de povos Abraâmicos, mas em termos de discípulos. Não se trata de reivindicar Abraão, mas de estudar e viver suas lições para ser dele um digno servidor, tal como Eliezer (Gn 15,2). O que fez Jesus aqui? Estava ele ensinando sobre os fundamentos da fé hebraica que prepara para o Reino dos Céus? Isso estaria em conformidade com o início de Mateus (capítulo 5). Diante de Jesus, nosso Rabbi, que ensina a autêntica Torá de Israel, uma grande multidão está escutando.

De dentro, de fora

Onde ensina Jesus? No interior. Interior de uma morada, de uma casa de estudo, de uma sinagoga? Um lugar suficientemente grande para conter uma multidão. Ou então uma imagem dos futuros salões hassídicos onde os fiéis se amontoam uns sobre os outros, para escutar a voz do *Rebbe*, um eco da voz do Sinai?

O evangelista apresenta depois outros personagens, e não menores: Maria, mãe de Jesus, e seus irmãos. Eles se sentem fora. *Interior e exterior* constituem uma dialética recorrente nos discursos de Jesus (interior, exterior de um lugar; interior, exterior de um copo). Este binômio parece indicar um tema mais profundo, especial para Jesus: o culto ex-

---

[5] Que nos oferece *hem* (הם) "eles", 3ª pessoa do masculino plural.

terior e o culto interior, que a tradição judaica nomeia como "serviço de Deus interessado" e "serviço de Deus desinteressado".

O grupo se encontra no exterior e, portanto, paradoxalmente distanciado daqueles laços próprios e aproximadores do sangue de família. Ele quer lhes falar. Imperativo familiar? Urgente mensagem? Suficiente em todo caso para que toda a família, exceto José, se desloque. Urgência de uma palavra a ser transmitida *para fora*, urgência de uma palavra a ser ensinada *de dentro*. Aos olhos de um censurador, que reconhecia a identidade dos convidados, essa delegação se sente obrigada a advertir o Mestre. Pois segundo a tradição de Israel, não se interrompe o Rabbi a não ser para colocar questões ou necessidades incontornáveis.

Nosso guardião abre uma passagem na multidão, justificando e anunciando ser por causa da família do pregador. Jesus, sendo tão sensível, ao ponto até de perceber o toque de seu *tsitsit* pelas costas[6] compreende que sua família espera lá fora. O segurança o confirma sussurrando no ouvido do Mestre, o que gera um rumor na multidão, já que pessoa alguma não pode mais ignorar essa presença exterior.

Duas opções: ou Jesus interrompe e honra a sua mãe, ou então *hiddush,* o pedido familiar se torna uma ocasião para um ensino. Então, para Jesus, sendo Torá viva de Israel, cada situação se torna fonte para uma lição de vida.

Os verdadeiros parentes

No coração do seu ensinamento, Jesus inicia sua lição, fiel à tradição judaica... por uma questão: "Quem é minha mãe? Quem são meus irmãos?" Depois com o braço estendido, ele responde ao designar os discípulos: o gesto precede a palavra.

Meu irmão, minha irmã, são esses, essas que se encontram aqui, ao alcance da mão; a pessoa que vejo e que posso ajudar, e não *o meu tio que vive na América.*

Com certeza, biologicamente, a maternidade, a fraternidade se definem pelos laços de sangue, pela semente, o *zerá,* do pai que fecunda a

---
[6] Cf. Mt 9,29 e nota da TEB.

mãe. Então, em hebraico e em aramaico – não em grego – "o braço" – se diz zeruá – deraá – construído com a mesma raiz que "semente" zerá – derá. Coincidência? As coincidências bíblicas permanecem sempre importantes, porque não estariam elas nos Evangelhos?

Alguns viram nessa situação um Jesus encolerizado pela sua situação, outros uma negação da sua mãe e de seus irmãos, colocando em questão o "honra teu pai e tua mãe" do Decálogo; mas nada se provou. A voz de Jesus permanece calma. Ele não renega o Decálogo mosaico (sobretudo o respeito filial, que vai muito mais além do que um *iod*). Pelo contrário, ele justamente quer nos chamar a atenção contra os perigos dos laços naturais. Jesus se coloca fora do quadro biológico. Como a Torá sobre a vida e sobre a morte, ele se situa igualmente no plano ético e religioso[7] deslocando a parentalidade natural para uma parentalidade espiritual.

A fraternidade do sangue não garante por si mesma uma preocupação para com o *Outro,* ela pode até fechar os indivíduos no espírito do próprio clã. O racismo, por acaso, não nasce num terreno assim?

No *Sermão da montanha,* Jesus expressa uma ideia paralela, declarando:

> Amai os vossos inimigos e orai por aqueles que vos perseguem! Assim vos tornareis filhos do vosso Pai que está nos céus; pois ele faz nascer o seu sol sobre maus e bons e faz cair a chuva sobre justos e injustos. Se amais somente aqueles que vos amam, que recompensa tereis? Os publicanos não fazem a mesma coisa? E se saudais somente os vossos irmãos, que fazeis de extraordinário? Os pagãos não fazem a mesma coisa?. (Mt 5,44-47)

Lembramos de Jeremias (29,7) pedindo para rezar pelos Babilônios, "os inimigos", destruidores do Templo de Salomão e que causaram o exílio.

Aqui também Jesus nos surpreende, deslocando o laço fraterno natural, para o colocar dentro do cumprimento da vontade divina.

"Pois quem quer faça a vontade de meu Pai que está nos Céus, esse é meu irmão, minha irmã e minha mãe".

---

[7] A morte anunciada a Adão significa primeiro a ruptura com Deus, e não a mortalidade imediata. Assim também quando Moisés afirma que a adesão a Deus oferece a vida, ele fala do plano espiritual, já que os perversos também estão vivos.

Esse ensinamento oferece o esquema seguinte:

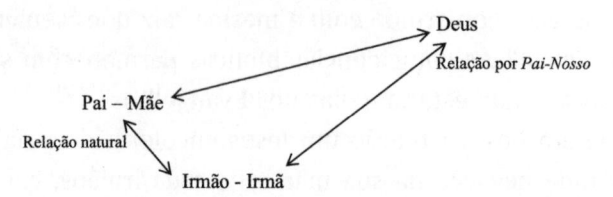

```
                               Deus
                              ↗
                        Relação por Pai-Nosso
        Pai – Mãe ←
     Relação natural ↘
                    Irmão - Irmã ↗
```

Assim a referência ao divino Pai universaliza a família humana, pelo viés original de Adão e Eva.

De um espírito clânico para um outro

Não obstante, surge uma questão. Pois Jesus não afirma "todos somos irmãos e irmãos para Deus", como são Paulo afirma "nós formamos um só corpo em Cristo" (Rm 11,25), mas ele especifica: "aquele que cumpre a vontade de meu Pai". Não se trata de uma declaração teológica, mas de um convite para um comportamento religioso adequado.

Então, onde se expressa essa vontade senão a que está presente na Torá e nos Profetas? Poderia estar além desse contexto? Essa foi a leitura da comunidade de Jerusalém de Tiago, irmão do Senhor.

A partir de então ao se criar um laço parental baseado sobre o cumprimento da vontade do Pai, Jesus não estaria correndo o risco de criar um novo espírito de clã, a saber: os que cumprem são meus irmãos; os outros, não? Uma tal abordagem contém algum tipo de desvio sectário e potencialmente perigoso.

Essa mesma questão se coloca já com o "tu amarás o teu próximo como a ti mesmo" do Levítico (18,19) que pode ser compreendido no único contexto de um concidadão hebraico. Sectarismo da Torá? Sectarismo de Jesus? Para compreender a resposta de Jesus, voltemos ao significado do cumprimento da vontade de Deus. E para isso, tomemos um caminho através do Talmud.

Temor dos pais e respeito pelo Shabbat

O programa de santidade, que diz respeito a toda a comunidade de Israel (Lv 19,2), começa literalmente por: "(alguém) sua mãe e seu pai, vós temereis,[8] e vós guardareis o Meu Shabbat: Eu sou o Eterno, vosso Deus".

---

[8] A passagem do singular ao plural e inversamente na mesma frase bíblica é bastante frequente.

Essa passagem apresenta dois mandamentos (*mitsvot*): o temor (reverencial) da mãe e do pai, e a observação do Shabbat. Notemos aqui uma ordem inversa àquele do Decálogo, onde o Shabbat precede o respeito filial, e onde o pai precede a mãe. O Talmud (TB *Yebamoth* 5b) justifica da seguinte forma essa justaposição: "Se teu pai e tua mãe te pedirem para transgredir o Shabbat, tu responderás: vós e eu somos obrigados a honrá-lo". De onde vem a conclusão: *Eu sou o Eterno, vosso Deus*, isto quer dizer tanto o Deus dos pais como o Deus dos filhos.

Escutamos aqui um eco da lição de Mateus. Diante do respeito natural e primeiro imposto aos filhos pelos pais e a eles mesmos, a Torá pede um respeito sobrenatural fundamento sobre o reconhecimento de Deus, Pai dos pais e dos filhos.

A Bíblia não legisla sobre o natural. Não existe mandamento algum sobre o comer ou sobre o dormir, pois esses comportamentos correspondem a leis fisiológicas impostas pelo Criador a nós. Na sociedade israelita ideal, quer dizer, vivendo segundo a Lei revelada, toda ação deveria ser a tradução do cumprimento da vontade do Pai. Nós reencontramos aqui a lição de Jesus. Falando biblicamente, nós somos pais, filhos, irmãos, irmãs, não de maneira natural, mas enquanto servidores de Deus.

Vejamos o livro do Deuteronômio (21,15) que considera sobre um homem casado com duas mulheres, uma amada e a outra desprezada (cf. Jacó, Raquel e Lea, Gn 29,30).[9] Não se pode amar da mesma maneira duas pessoas, como ensina Jesus.[10] Se duas esposas oferecem a ele um filho: o mais velho pela esposa desprezada e o mais jovem pela esposa amada. Segundo o sentimento natural, a dupla parte deveria recair sobre o filho da esposa amada. Mas a Torá quebra a natureza do marido amante, e lhe pede para reconhecer a primogenitura da descendência da esposa desprezada.[11]

Todos atores responsáveis

Essas leituras bíblicas e do Talmud ressoam harmoniosamente com aquelas de Jesus. Não somente, nós somos irmãos e irmãs pelo *Pai Nos-*

---

[9] Uma mulher que não se sente totalmente amada, se sente desprezada. Poderia ser diferente se seu marido lhe diz: "eu te amo menos que a outra"?
[10] Em oposição ao amor de Deus e àquele de Mamon (Mt 6,24).
[11] O Deuteronômio acusa, depois Jacó de ter preferido *naturalmente* José à Ruben, que causou tanto ódio.

so, que se traduz uma evidência monoteísta, mas também porque nós queremos *cumprir a sua vontade*. Não se trata de sectarismo (mesmo se uma leitura superficial nos levasse a crer nisso), mas no sentido de transcender a imanência das nossas relações, nos lembrando que somos convidados a fraternizar, o que constitui de fato o coração do cumprimento da vontade divina.

3.3 Amor de Deus, amor do próximo

Irmãos, Servidores

Jesus redefine o laço familiar, pai, mãe, irmão, irmã, pelo laço com o *Pai*. De modo particular, nos fraternizamos enquanto somos servidores de Deus, cumprindo Sua vontade.

Com a finalidade de eliminar qualquer tendência sectarista (fiéis, infiéis, etc.) parece-nos importante oferecer um conteúdo positivo a esse cumprimento. Em outras palavras, o que significa para Jesus "cumprir a vontade de nosso Pai que está nos Céus"?

> Tendo ouvido que ele tinha feito calar os Saduceus, os Fariseus se reuniram. E um deles, um legista, lhe pergunta para tentá-lo: Rabbi, qual é o maior mandamento da Lei (Torá)? Jesus lhe disse: Amarás o Senhor, teu Deus, com todo o teu coração, com toda a tua alma e com todo o teu entendimento. Esse é o maior e o primeiro mandamento. Um segundo também é importante: Amarás teu próximo como a ti mesmo. Destes dois mandamentos dependem toda a Lei (*Torá*) e os Profetas (*Neviim*). (Mt 22,35-40)

Ultrapassar a polêmica

Os Evangelhos apresentam dois modos de escrita: 1) a narrativa apresentada segundo a subjetividade de cada evangelista, de Mateus a João, 2) a proposta mesma de Jesus, segundo o testemunho dito do Evangelista.

Quanto ao primeiro aspecto, vamos enfrentá-lo, por vezes polêmico ao olhar da maioria dos fariseus (nem todos). Visto do exterior, estamos lidando com complôs, querendo menosprezar o que diz Jesus, fazê-lo cair em armadilhas, como aqui. Embora possa ter havido reações hostis à personalidade de Jesus, essa visão global e totalizante "os fariseus" oculta aspectos dessa tradição farisaica. Além disso o grego *tentar* (experimentar) não é a princípio um sentido negativo, mas pode significar "oferecer coerência com a sua proposta, certificar". Como em todo debate talmúdico, é pedido ao contraditor de provar sua tese.

Sempre fazemos referências aos nossos ouvintes ao Tratado dos Pais (*Avot*) que apresenta máximas enunciadas por mestres que viveram antes, durante e depois de Jesus, permitindo descobrir a grande proximidade entre os ensinamentos de Jesus e aqueles ensinamentos desses mestres.

A mesma consideração poderia ser feita entre *os* Judeus e *alguns* Judeus (cf. os dez pontos de Seelisberg). Estas palavras truncadas e polêmicas não facilitaram o diálogo entre a Sinagoga e a Igreja durante séculos, e prepararam os espíritos de antijudaísmo e antissemitismo (tese de Jules Isaac em sua obra).

Para um diálogo fraterno entre Sinagoga e Igreja, esse tipo de escuta deveria hoje ser banido, em proveito de uma meditação espiritual dos únicos propósitos de Jesus.

O grande mandamento

Um legista se apresenta diante de Jesus. Um legista? A orelha judaica escuta um *halakhista,* um *talmid hakham*, um "discípulo de sábio", um estudante da Torá que, qual seja sua idade, digere a Torá (*lectio divina*) dia e noite (Js 1,8), fora do tempo das atividades necessárias, a fim de conhecer a Palavra revelada e de aperfeiçoar sua conduta religiosa e moral. Nenhum espírito polêmico, nenhuma armadilha de início, mas uma sincera pergunta para conhecer o "grande mandamento", a grande mitsvá?[12] O Talmud apresenta esse tipo de afirmação: "O Shabbat vale por todos os mandamentos, ou a aliança da circuncisão, ou a *tsedaká* (obras da justiça), etc." A questão pode ainda se apresentar dessa forma: no conjunto do corpo dos mandamentos da Torá (613 segundo o Talmud), qual teria a primazia? Qual deles oferece sentido à toda esta legislação revelada? Cada resposta proposta pelos mestres correspondia

---
[12] Mitsvá guedolá. Mais tarde, Rabbi Nahman de Breslav ensinara que a grande Mitsvá se expressa na alegria permanente diante de Deus.

a uma análise; mas nosso Rabbi aqui se nomeia Jesus, e ele também meditou sobre as águas da Torá que transbordam nele. Sua resposta se encontra em Dt 6,5: "Tu amarás o Senhor teu Deus de todo o teu coração, de toda a tua alma e com todo o teu entendimento".[13]

Observemos que a Torá poderia ter se limitado a "Tu amarás o Senhor, teu Deus" que constitui em si uma revolução religiosa de Israel no mundo antigo. De fato, no paganismo, os deuses não pedem nada realmente, mas sim um temor e uma devoção ritual. Nada de amor para Osíris, Baal ou para Zeus. Então não somente a Torá, através do discurso mosaico, convida para o amor a Deus, mas acrescenta ainda três caminhos de amor: seu coração, sua vida, seus bens ou sua inteligência.

Por que comer *kasher*, respeitar o Shabbat, não desprezar seu próximo etc.? Para traduzir seu amor a Deus cumprindo Sua vontade. Nada de amor, sem prova de amor.

Com certeza, essa resposta diz respeito a Israel, como "reino de sacerdotes", mas ela igualmente permanece válida no universo cristão que investe muito do seu amor a Deus nos seus ritos.

O segundo grande mandamento

Jesus poderia ter concluído sobre esse versículo fundador, mas ele acrescentou: "Um segundo também é importante: Tu amarás teu próximo como a ti mesmo. Desses dois mandamentos dependem toda a Lei (*Torá*) e os Profetas (*Neviim*)".

Curiosa resposta. Por que o Jesus de Mateus utiliza essa fórmula "e um segundo também importante"? Amor de Deus e depois o amor ao próximo, para em seguida os igualar? Em Lucas 10,27 os dois versículos serão citados no início pelo doutor da lei e Jesus o confirma com alegria.

Somente Jesus poderia com certeza responder, nós ousaremos ao menos apresentar nossa resposta. Primeiro, observemos que o mandamento de amar a Deus não vem de Deus, mas de Moisés no início de seu discurso testamentário, o Deuteronômio (*Devarim*). Ao contrário, o

---

[13] O hebraico diz *meodekha* "teu muito" que a tradição rabínica entende por "com toda a tua prata". A Setenta utilizou a ideia interessante do grego *dianoia* "inteligência, pensamento", retomado por Mateus.

mandamento de amar seu próximo, procede, ele sim, de Deus, porque está no coração do Levítico, coração do Pentateuco.

Deus pede para amar o ser humano (todo ser humano), em seguida um homem (Moisés) pede para amar a Deus com todas as suas capacidades humanas. A mão do mestre não iria prevalecer sobre aquela do discípulo (TB *Berakhot* 58b)? "O discípulo não é maior do que o Mestre, nem o servidor é maior que o seu senhor" (Mt 10,24).

Jesus, mais de uma vez, na continuidade do ensinamento de Moisés (que ele reencontrará com Elias na transfiguração), coloca um *hiddush*, uma renovação do sentido. Quando o Eterno pede "amarás teu próximo como a ti mesmo", tudo se passa como se Deus pedisse: "Me ame, amando teu próximo". Dividindo em dois tempos a sua resposta, o Jesus de Mateus nos torna sensíveis a esse último amor para testemunhar em retorno para o nosso Pai que está nos Céus. Nenhum amor a Deus pode ser possível se não for acompanhado de amor para com os outros.[14] Não é possível haver uma religião sem fraternidade.

Jesus denuncia aqui a fuga do relacional pela procura de sua própria salvação individual. Essa fuga, segundo a exegese judaica, a natureza da falta dos filhos de Aarão, Nadab e Abiu, no dia da inauguração do Santuário (Lv 10,2). Eles se consumiram pelo excesso de zelo espiritual.

Rabbi Israel Salanter (1810-1888) ensinará mais tarde: "Meu problema espiritual? O problema material de meu próximo".

Meu irmão, servidor de Deus

A declaração de Jesus, "quem quer que seja que faça a vontade de meu Pai que está nos Céus, esse é o meu irmão, minha irmã e minha mãe", precisa ser esclarecida. A relação fraterna (ou de parentesco) entre as pessoas não se limita à consanguinidade, a ancestrais comuns; mas ela se constrói, ela se *costura* nesse cumprimento da vontade do Pai, que se traduz pelo amor a Deus e pelo amor ao próximo, *ambos tão importantes*.

A partir de então, a fraternidade se torna uma procura, um caminho, e não mais um dado oferecido pela biologia. Ela exprime o núcleo es-

---
[14] Cf. Primeira Carta a São João.

sencial da Torá e dos Profetas. "Eu sou o caminho, a verdade e a vida", declara o Jesus de João (Jo 14,6).

Diante do desafio colocado frente ao amor a Deus e ao amor ao próximo, a questão permanece aberta: somos nós verdadeiramente irmãos? Vivemos nós plenamente a fraternidade?

3.4 Em nome de Jesus ou em nome dos pais

O Filho do Homem e seus discípulos

Jesus reconstrói o laço familiar, não a partir do biológico, mas a partir do espiritual: toda relação humana passa pela relação com o Pai. Nós reencontramos ainda o tríptico tradicional da leitura bíblica, mencionado no início desse livro.

Mais ainda. Jesus introduz um elemento novo, um *hiddush*: a relação através da sua própria pessoa. Esse princípio se encontra presente em resposta a Pedro que interroga seu Rabbi sobre o futuro dos discípulos (Mt 19,27). Ele recebe essa resposta como retorno:

> Jesus lhe disse: 'Em verdade, eu vos digo: quando todas as coisas forem renovadas, quando o Filho do homem se assentar sobre seu trono de glória, vós que me seguistes, também vos assentarão, sobre doze tronos para julgar as doze tribos de Israel'.

Jesus tranquiliza seu discípulo referindo-se à fé escatológica da *renovação de todas as coisas*, que pode ser entendido na tradição de Israel como *olam haba* "o mundo vindouro", ou "Reino dos Céus" na boca de Jesus, esse espaço – tempo novo (*hadash*) das Bem-aventuranças realizadas.

O filho do Homem, *bar enash* em aramaico, se refere, na memória israelita, ao profeta Daniel (7,13) e os tronos, aos versículos 9 e 22 desse mesmo capítulo.[15]

Essa visão enigmática descreve quatro enormes animais que surgem do mar, um mais potente do que o outro, até ao último. Como

---

[15] Cf. Daniel Boyarin *O Cristo judeu (le Christ juif)*. Paris: Cerf.

conclusão, Daniel oferece a chave desse apocalipse: os quatro animais representam quatro reinos, isto quer dizer, quatro civilizações que desaparecem, uma após a outra, a queda da última, a mais aterrorizadora, precede esse mundo renovado.

Nessa visão, o Eterno apresenta um sobrenome aramaico. Desconhecido então da Bíblia, *Atik yamin*, "Ancião de dias", alusão a Sua eternidade.

Este *Ancião* eterno, cercado de miríades de legiões celestes, estará próximo desse *bar enash*, que receberá como partilha "a dominação, a glória e a realeza". Personagem enigmática com a fisionomia humana, contrariamente às feras poderosas, pode se referir a um indivíduo, se bem que no versículo 24, ele pareça se referir a uma assembleia dos santos (os justos de Israel e das nações), mas que a Patrística define como Jesus, filho de Deus.

Diante da questão ansiosa de Pedro (nos Evangelhos, Pedro apresenta uma personalidade falível, comparada àquela de Paulo), Jesus promete que seus doze discípulos se assentarão sobre 12 tronos para julgar as 12 tribos de Israel.

Jesus propõe (via Daniel em filigranas) o esquema de uma estrutura hierárquica mística, à imagem de um esquema cabalístico, assim apresentado:

Atik yamin – Ancião de dias / YHWH / Pai.
Bar enash - o Filho do Homem/ Jesus/ Filho.
12 discípulos de Jesus sentados sobre 12 tronos / Discípulos
12 tribos de Israel saídas do patriarca Jacó / Israel.

"Para julgar as tribos de Israel": Especifiquemos que *julgamento* (em hebraico *din, Mishpat*) não significa *condenação*, mas regulação da efusão da graça divina.[16] Nós encontramos novamente esse tema no judaísmo, especificamente no dia do Ano Novo, *Rosh Hashaná*, onde o Deus da justiça redistribui o fluxo da graça vital [17] de acordo com as falhas e os méritos individuais e coletivos; segundo o modo como, enquanto criaturas, nós tenhamos participado durante o ano passado a essa regulação da bênção divina.

---

[16] Dã, tribo do *julgamento,* é também abençoada por Jacó antes da sua morte. "Dã julga seu povo; como cada tribo de Israel" (Gn 49, 16). Os 12 apóstolos se tornam aqui à imagem de Dã. Cf. Sl 122,5.

[17] O sangue do ser. Lembremos a proximidade entre *Dan* e *Dam* "sangue".

Jesus promete, portanto, que os 12 apóstolos constituirão uma irmandade espiritual acima das doze maneiras de ser Israel por onde passa a graça divina às 70 nações nascidas em Babel. Por essa resposta, os 12 apóstolos se tornam os arquétipos do equilíbrio cósmico.

Substituição ou colaboração

Mas atenção que o nosso propósito não seja mal compreendido. Não se trata de apoiar a terrível derivação da teologia da substituição que por muito tempo a Igreja de Roma se utilizou para renegar o papel de Israel, povo testemunha do Deus Uno, e matriz da Encarnação. Não tendo compreendido a função salutar de Israel, os Judeus foram depreciados ao nível de um bando cego à espera da sua conversão ao cristianismo. Então para permanecer coerente com a *Tanakh* (o Antigo Testamento), todo biblista admitirá que uma nova aliança não anula a antiga. Israel não pode ser comparado a um foguete cuja primeira parte é eliminada ao sair da atmosfera. O povo de Israel escatológico permanece aquele do Início: os Profetas foram claros sobre esse assunto.

A *teologia da substituição* procede de uma ruptura com o monoteísmo original, decaindo num dualismo contrário ao espírito da Torá e de Jesus. Da mesma forma como a eleição de Israel não provoca a desqualificação das 70 nações nascidas anteriormente a Abraão, mas ressalta o brilhantismo divino contido em cada cultura humana (mesmo que ela se esqueça do Pai que lhe ensinou a falar a sua língua), assim também a *eleição cristã*, segundo seus critérios religiosos, não pode anular a vocação de Israel, que se definiu justamente em referência perpétua com relação ao Pai; mesmo se Israel, segundo seus próprios critérios de fé, não pode divinizar Jesus.

A resposta de Jesus aqui fundamenta tanto a eleição dos 12 apóstolos como aquela das 12 tribos. Nada de desaparecimento das identidades, nada de confusão das essências de Deus (*o Ancião de muitos dias*), mas sim uma harmonia fraterna entre todas essas maneiras de ser a partir do Ser transcendente e infinito.

Admiravelmente a adição das 12 tribos aos 12 apóstolos feitas pelo Filho do Homem e o Ancião dos muitos dias oferecem a soma da gematria (numerologia judaica) de 26, valor numérico do santo Tetragrama YHWH (10.5.6.5).

Tornar-se discípulos de Jesus

Na nossa leitura sobre o *Sermão da Montanha*, apresentamos o programa exigente da moral cristã proposta por Jesus. Aqui se acrescente uma exigência suplementar: Como se tornar discípulo? Nosso Rabbi responde numa fórmula radical, como costume.

"Quem tiver deixado casas, irmãos, irmãs, pai, mãe, filhos ou campos, por causa de meu nome, receberá muito mais e em troca, a vida eterna" (Mt 19,29).

O Jesus de Mateus cita de forma não ordenada a *casa* (lugar de habitação), os *irmãos* e *irmãs* (laços de fraternidade), o *pai* e a *mãe* (laço filial ascendente), *filhos* (laço filial descendente), os *campos* (lugar de trabalho). Falta a esposa. Jesus considera sem dúvida, como a Bíblia e o Talmud, que o casal forma uma unidade, condenando em outras situações, o divórcio ou reenviando a mulher adúltera ao seu marido.

Esses seres humanos ou esses elementos constituem o universo natural de todo homem no seio da sociedade antiga. Depois da expulsão do Éden, as famílias se constituem, e o homem trabalha para comer, se vestir e se abrigar tomando conta dos seus mais íntimos.

Que poderia então significar esse "deixar por causa do meu nome"? Existia uma fórmula semelhante em hebraico ou em aramaico? Isso significaria uma ruptura total com o modelo tradicional, pois claramente o modelo israelita se baseava sobre o respeito com relação ao pai e à mãe, o valor da transmissão e a esperança de uma fraternidade? Tratava-se de viver então fora das casas, na natureza, e de cessar o trabalho da terra, fonte de alimentação?

Com certeza, Jesus não possui nada e ensina a viver como os animais dos campos e os pássaros. Mas somente Jesus viveu assim, e nunca na Bíblia a exceção vira a regra. E depois Jesus fala em termos de fé (*emuná*) – "Buscai *primeiro* o Reino e a justiça de Deus, e todo o resto vos será *acrescentado*" (Mt 6,33) – esse *antes* não promove nunca a abolição das bases da sociedade (por exemplo sua defesa do casamento contra o divórcio, as parábolas do semeador ou do bom pastor, etc.) ou do papel econômico ("dai a César"); ele mesmo se encontra somente convidado a comer ou a estar junto daqueles que o rodeiam.

De fato, essa radicalidade da linguagem, ao modo da *Halakhá* judaica, pode se atenuar se pensamos nas passagens bíblicas que podem evocar essa lição. Assim lemos na Torá: "É por isso que um homem *abandona* seu pai e sua mãe e se une a sua mulher para se tornar uma só carne" (Gn 2,24). O verbo "*abandonar*" (*azov*) parece muito duro de onde surgiram depois traduções mais suaves. De fato, na coerência bíblica, esse versículo não ensina que os filhos devam bater à porta da casa dos seus pais e romper todo o contato com eles por causa do pretexto do seu casamento, mas ele coloca uma hierarquia. A relação conjugal prevalece sobre a relação filial, assim como em nível da sociedade (entre seus pais e sua esposa, o marido escolherá sua esposa), que em nível psicanalítico quer dizer: o marido deve romper todo desejo de retornar à anterioridade). Assim também, quando do encontro entre o profeta Elias e seu discípulo Eliseu, esse último reconheceu aquilo que ele deve a seus pais, antes de seguir seu pai espiritual (1Rs 19,20).

Se alguns cristãos experimentam a dimensão última desse imperativo, por uma sede insaciável de espiritualidade e por amor do Cristo descoberta na sua vida interior, por uma consagração monacal, nada obriga os outros a tamanha radicalidade. A maioria do povo cristão, nomeado como *corpo de Cristo* na teologia cristã, se apresenta como famílias, presentes no mundo, vivendo no ritmo da modernidade, mesmo se alguns aspectos muito permissivos lhes ofendam (o *casamento para todos,* recentemente)?

Por que não interpretar essa palavra em harmonia com aquilo que acreditamos entender no capítulo precedente: assim como ser irmãos implica passar pelo nosso *Pai que está nos Céus*, da mesma forma ser discípulos implica numa forma de abnegação ao mestre. "Quem tiver deixado casas, irmãos, irmãs, pai, mãe, filhos ou campos, por causa de meu nome". E lá ainda, a tradição de Israel encontrou apoio, quando se conhece o lugar do Rabbi dentro da tradição farisaica.[18]

---

[18] Por exemplo: "Qual é o nome do Messias? Na casa de estudo de Rabbi Shilo, se nomeava Shilo... naquela de Rabbi Yinun, se chamava Yinun... Naquela de Rabbi Hanania, chamava-se Hanania... naquela de Rabbi Menahem, chamava-se Menahem" (TB *Sanedrin* 98b).

O movimento hassídico, nascido no século XVIII na Europa do Leste, sob o impulso de um grande místico Rabbi Israel chamado *Baal Shem Tov* (Mestre de renome), colocará no coração da sua doutrina a centralidade do *Rebbe*. Esse *tsadik,* esse "justo", tendo alcançado o estado de união com o divino (*devekuth*) se torna uma luz para os cegos, um pai para os órfãos, um consolador para os aflitos. Ele se torna "o virtuoso em verdade" (Rabbi Nahman de Breslav), o canal incontornável para se alcançar ao Ser supremo.

3.5 Parábola dos dois filhos amados[19]

Esta parábola não existe, isto quer dizer, que ela não tem esse título, pois trata-se da *parábola do filho pródigo* ou a *parábola do filho reencontrado*. De fato, nós renomeamos a parábola em relação com a mensagem que ela veicula, na lógica da nossa temática. Na verdade, na tradição cristã, o olhar é acentuado sobretudo sobre o *filho perdido e reencontrado* ou *filho pródigo*. Vejamos essa parábola em seu contexto.

No meio da sociedade da Judéia sob a dominação romana, Jesus fascina, no meio das suas lições públicas da Torá, pecadores e coletores de impostos. Seus ensinamentos orais, que se prolongavam por horas, obrigavam a comerem juntos. No seu amor pelas pessoas, Jesus simpatizava com eles. Ele permanece fiel ao belo ditado de Hillel, seu predecessor: "Amai as pessoas e aproximai-as da Torá", ou aquele de Shamai: "Acolhei toda pessoa com um belo rosto" (Avot 1,12).

Contudo, fariseus rigoristas (e não os fariseus) criticam essa atitude, que eles julgam como desrespeitosa, defendendo o afastamento dos transgressores da Lei dos colaboradores dos ocupantes da terra. Jesus escuta a crítica e responde com três parábolas cuja última, a mais longa e mais tocante, se apresenta dessa forma:

Pai

Mais velho (Filho) ——————— Mais novo (Irmão)

---

[19] Esse parágrafo constitui um prolongamento de nossa análise feita em Philippe HADDAD. *Jesus fala com Israel: uma leitura judaica das parábolas de Jesus* sobre Lc15,11-32. Coleção Judaísmo e Cristianismo. São Paulo: CCDEJ-Edições Fons Sapientiae, 2015.

Voltemos ao nosso esquema original:

Deus

Caim (Filho) e Abel (Irmão)

No entanto, Jesus modifica o cenário de Gênesis. Em Gênesis 4, Deus acolhe toda a oferenda de Abel, o mais novo, e rejeita a oferta de Caim, o mais velho, encorajando esse último a melhorar. Em Lucas, o mais novo não oferece nada ao pai, mas reclama sua parte da herança, que ele recebe.

Na narrativa da Torá, nenhum sentimento de amor ou de compaixão provém de Deus, conforme os princípios da Escritura que se impõe o Redator; agora Lucas envolve a totalidade da sua narrativa com uma atmosfera de amor filial em relação aos dois filhos, amor que se expressa de forma diferente para com um e para com o outro.

Em Gênesis, o mais novo aparece irrepreensível, já em Lucas o mais novo conhece o fracasso moral, antes de se levantar; quanto ao mais velho, ele se mantém na sua fidelidade ao pai.

Mas aqui e ali, Deus/o pai dialoga com Caim ou o mais velho; e aqui e ali, esse diálogo encorajador deve permitir ao filho mais velho chegar a uma fraternidade, segundo a metamorfose do *Filho* em *Irmão* como lembramos no capítulo *Caim e Abel*.

Finalidade das parábolas da misericórdia

A conclusão dessas três parábolas surge com clareza: o pastor, a dona de casa, o pai, todos se referem ao atributo da misericórdia para cada ovelha, aquelas do rebanho ou a desgarrada; por cada moeda, aquelas da bolsa ou a desaparecida; por cada filho, o fiel ou o pródigo.

Por causa de uma leitura subjetiva ou parcial, e a partir da importância dada à última parábola em detrimento das duas anteriores, o leitor apressado negligencia o amor de Deus por *Um* e por *Outro*. Não esqueçamos nosso tríptico fundador que implica sempre a graça a ser partilhada. Para quem gostaria de se concentrar-se sobre o *Outro*, ele lembra a fidelidade ao *Um*; para quem preferisse apenas reunir-se a *Um*, ele se refere ao *Outro*, tão amado quanto.

Jesus responde à crítica dos fariseus por uma resposta toda feita de amor: Deus ama o filho mais novo tanto quanto o filho mais velho, tanto quanto os pecadores e coletores de impostos (*filho pródigo*) como os críticos fariseus (*filho mais velho*). A questão (existencial) permanece então sobre como se regula esse amor entre os dois irmãos. Pois se a fraternidade se reconstrói pela referência ao Pai ("aquele que cumpre a vontade de meu Pai"), essa referência implica um reconhecimento na reciprocidade.

Por essa parábola, Jesus nos ilumina sobre esse versículo fundamental (Lv 19,18): "Tu amarás o próximo como a ti mesmo. Eu sou o Eterno teu Deus". Cada um dos irmãos (da família humana) é convidado a falar com o outro no amor, a se quererem bem, em nome do Eterno, o Pai tanto de *Um* quanto do *Outro*, qualquer que seja o caminho moral e espiritual de cada um.

Indiferença, cólera e reconciliação

Mas essa familiaridade fraterna não acontece na narrativa de Caim e Abel, nem na nossa parábola. Caim não fala com Abel [20] e igual é a recíproca; o mais novo não fala com o mais velho e igual é a recíproca. Nas duas narrativas, somente a relação vertical permanece eloquente.

O mais novo pensa somente nele, exigindo sua parte, alegrando-se na vida com seu patrimônio até esgotá-lo, antes de se lembrar com saudade seu bem-estar passado (hoje seria um comerciante infeliz!). Pensamento algum havia sobre seu irmão mais velho. Quanto a este último, se ele permanece fiel ao seu pai, trabalhando fielmente, ele não se preocupa de modo algum com o caçula, que ele critica pela festa do retorno. O pai, ele, se apresenta como dispensador dos bens, como proprietário, que sabe somente oferecer, que sabe somente dispor. Como nesse contexto pode nascer um diálogo fraterno?

A resposta se encontraria na imitação da conduta paterna tanto quanto fosse possível, e que Jesus a anuncia pelo cumprimento da vontade de nosso Pai.

---

[20] "Caim disse a Abel" (Gn 4,8): um não diálogo que termina em assassinato.

Sair da indiferença (aquela do mais novo, de Abel, dos pecadores, dos coletores de impostos, ou dos apreciadores do mundo esquecidos de seu Pai), superar a raiva (aquela do mais velho, de Caim, dos rigoristas, dos exclusivistas das verdades religiosas) para costurar a reconciliação.

Última e sublime lição de Jesus que se inscreve na sua mensagem de amor universal, onde cada indivíduo encontra seu lugar na harmonia cósmica gerada e mantida pelo divino Pai. O que diriam aqui os rigoristas religiosos e os apreciadores ou aproveitadores da existência terrestre? Dois universos incompatíveis? A não ser, como o ensina Jesus, numa fé total e profunda, por um reconhecimento da paternidade divina.

Com certeza, como escrevemos no nosso livro *Jesus fala com Israel*, a parábola termina em pontos de suspensão, em suspense, no suspense de um final feliz. Biblicamente falando, evangelicamente falando, Deus não pode ir além do amor que Ele oferece, da graça que Ele oferece em partilha; aos dois filhos resta se metamorfosear em irmãos, de se aceitarem na sua diferença.

3.6 Amai-vos como eu vos amei

Tomar ou oferecer

O Jesus no Evangelho de João expressa essa palavra impressionante. "Ninguém tira minha vida, mas eu a dou por própria vontade: eu tenho poder de dá-la e tenho poder de retomá-la. Tal é a ordem (*mitsvá?*) que recebi de meu Pai" (Jo 10,18).

A vida! Nós a pensamos irremediavelmente nossa, enquanto na verdade ela não nos pertence. Ela vem de outro lugar e para ali retorna. Nós gostaríamos de mantê-la com todas as nossas forças, com toda a nossa vontade, com todos os nossos desejos, mas um dia ela nos será tirada, *apesar de nós*. "Apesar de você, você nasceu, apesar de você, você vive, e apesar de você, você morre" (Avot 4,22).

Jesus oferece sua vida, nós não a tiramos. A singularidade de Jesus se expressa nessa ordem, nessa *mitsvá*, nessa consciência de ser excepcional: a vida é um dom do Pai, ele a devolve para o Pai. Ele anuncia com essa fórmula extrema a declaração do salmista (24,1): "Ao Eterno, a terra e o que ela contém; o sol e seus habitantes".

"Seus habitantes" com a sua respiração, seu ritmo cardíaco, suas conexões neurológicas e seus sonhos. A partir dessa fé total, na "anulação de todo ego" (*bitul hayesh*), nosso Rabi nos convida a reverter, tanto quando possível, nosso olhar sobre a existência, a nos situar de forma diferente em relação ao mundo. Por exemplo: "Ninguém toma meus impostos, eu os ofereço; ninguém rouba meus bens; eu os ofereço"; lição que tinha assumido o bom padre dos *Misérables* quando ele declara aos policiais diante de um Jean Valjean envergonhado: "você esqueceu os castiçais"...

De fato, não se trata de inocentar nem o ladrão nem o carrasco, nem amordaçar a justiça diante de um delito ou de um crime, muito menos de encorajar os delinquentes ou de não combater os totalitarismos, trata-se de construir um novo olhar, uma nova maneira de ser.

Imaginemos uma linguagem, uma consciência sem o verbo "ter". A vida não seria mais posse, mas relação. "Eu *tenho* um encontro com o médico" se tornaria "eu vou vê-lo, vou consultar e encontrar-me com o médico". Face a face! "Eu vivo" se torna "eu recebo a vida", me responsabilizando por melhorar o meu ser (cf. a parábola dos *Talentos*) em vez da vida dos outros.

Jesus oferece a sua vida

Por amor, por Deus e pelas pessoas, Jesus está pronto a oferecer a sua vida, a retornar ao Pai aquilo que Ele oferece a cada um. Isaac, ancestral de Jesus (Mt 1,2), esteve pronto a esse dom em Moriah (Gn 22,10). Moisés igualmente após a falta do bezerro de ouro (Ex 32,32), Sansão no templo dos filisteus (Jz 16,30). Ester da mesma forma depois da *solução final* que queria Amã (Est 4,16). E quantos justos e mártires, de ontem e de hoje, conhecidos e anônimos, escolheram este caminho para fazer triunfar o bem contra o mal, o justo contra o injusto, o amor contra o ódio.

O Talmud narra contos dolorosamente semelhantes, a propósito dos dez mártires na repressão de Adriano (TB *Pessahim* 50a). Assim, esfolado vivo pelos Romanos, Rabbi Akiba agoniza lentamente, proclamando a unidade de Deus através do *Shemá Israel*. Até quando, perguntam os discípulos? O homem deve amar a Deus, mesmo quando Ele retira a sua alma! (TB *Pessahim* 61b).

Jesus permanece, no entanto, único na sua maneira de expressar o dom da sua vida e de vive-la. Em outras palavras, nem Caifás, nem Pilatos, nem os Romanos exerceram a menor pressão sobre ele, que se aceita como vítima expiatória, como "cordeiro para resgatar o pecado do mundo". Nada de *deicídio* portanto (pode-se matar Deus?) mas antes oferenda voluntária para trazer a Salvação para a humanidade.

Na coerência dessa fé, não se pode colocar na boca de Jesus, os propósitos de José diante de seus irmãos, no momento de seus encontros fraternos: "Vocês planejaram fazer o mal contra mim, Deus, porém, converteu-o em bem, quis exaltar-me para dar vida a um povo numeroso" (Gn 50,20).

No fundo, a morte e a ressurreição de Cristo abrem a essa ressurreição para todo cristão, que encontra sua esperança e sua alegria de viver nessa íntima convicção.

Certamente, a fé judaica se detém onde começa a fé cristã, não partilhando nem o mesmo vocabulário teológico, nem as mesmas concepções da natureza e das consequências de uma queda; no entanto, os ensinamentos de Jesus podem ainda e sempre permanecer audíveis ao ouvido judaico, indefectivelmente inclinado em direção ao eco do Sinai.

No final, podemos monopolizar a vida de Jesus? Monopolizar a sua mensagem, como um tesouro conservado ciumentamente? Quando no registro da fé judaica, os fiéis proclamam "Escuta, Israel, o Senhor é *nosso* Deus, o Senhor (YHWH) é Um" (Dt 6,4) se apropriam eles o "nosso Deus" de forma exclusiva? Isso seria tornar enganosa a universalidade do monoteísmo. "O Senhor é *nosso* Deus" não implica a posse, mas a relação. "Nosso Deus" é YHWH, e não tal e tal divindade antiga. De qualquer maneira, Ele permanece "Um" para todas as pessoas.

A palavra de Jesus pode então se compreender como um eco do discurso mosaico: "Não me tranquem, diria Jesus, numa leitura de apropriação! Nem na Igreja (nas suas diferentes obediências), nem na Sinagoga, nem mesmo na Mesquita, não me retenham; mas eu me ofereço a cada um segundo a sua maneira de se conectar comigo".

Sim, Jesus quis se oferecer e não se vitimizar: dom e não mártir; caminho de vida e não caminho de morte; amor e não ódio. Essa leitura nos abre então ao seu supremo ensinamento: "Amai!".

Amai-vos como eu vos amei

Antes de deixar este mundo, Jesus oferece aos seus discípulos sua última lição, seu *mandamento novo*: "Eu vos dou um novo mandamento: amai-vos uns aos outros. Como eu vos amei, assim também vós deveis amar-vos uns aos outros. Nisto conhecerão todos que sois meus discípulos: se vos amardes uns aos outros". (Jo 13,34-35)

Novo verdadeiramente? Tudo já não está dito no coração do Levítico (18,19) "Amarás ao teu próximo[21] como a ti mesmo", que o mestre interpretou no seu Sermão: "Tudo aquilo que quereis que os homens vos façam, fazei-o por eles, nisso consiste a Lei (Torá) e os Profetas". (Mt 7,12, Lc 6,31)?

"Novo" no sentido genial do *"hiddush!"* Para nós, Jesus destaca o *"para" teu próximo (lereakha)* que as traduções ocultam. Digamos que Jesus reformula de forma original o amor para com os outros do Levítico.

Coloquemos uma questão textual: "Tu amarás (para) teu próximo *como* (tu amas) a ti mesmo, Eu sou o Eterno".

"Amai-vos uns aos outros *como* eu vos amei".

Aqui e ali, o *como* oferece toda a dinâmica do amor. O Levítico, se expressando no singular (o cada um da coletividade de Israel), oferece esse movimento: "Tu (o um) amarás teu próximo (o outro) *como* tu amas a ti mesmo (o um); Eu sou o Eterno (Deus de um e do outro)",

Jesus estabelece outro ritmo aos seus discípulos: "Amai-vos uns aos outros, *como* Eu Jesus vos amei (os uns e os outros)".

Esse paralelo oferece uma iluminação sobre o versículo da Torá que pode se entender como conclusão: "Eu sou o Eterno que ama teu próximo como Eu amo a ti mesmo". Também vale para o ensinamento evangélico a mesma coisa: "que vosso amor não seja exclusivo escolhendo *Uns* contra os *Outros,* no lugar do Pai, o qual ama tanto o mais novo

---

[21] No texto está escrito "para teu próximo".

como o mais velho, portanto, tão diferentes na sua psicologia; seja na linguagem teológica, diferentes segundo a graça particular que cada um recebe do Pai.

Ousemos ainda acrescentar (da nossa postura exterior ao cristianismo): que Jesus não seja, pois, um objeto de discórdia teológica entre Católicos, Protestantes, Ortodoxos e outros...! Não mais fazer de Jesus uma pedra de tropeço entre a Igreja e a Sinagoga! Pois se Jesus amou o mundo, então é de um amor sem limite tanto pelos Judeus como pelos Gregos, os homens e as mulheres (mesmo adúlteros), pelos livres e pelos escravos, pelos crentes e não crentes, etc. "Pois se amais somente aqueles que vos amam, até os pagãos fazem a mesma coisa".

Certamente, uma passagem fere essa harmoniosa construção...

Jesus traz a espada

Um aforisma nos surpreende no que diz respeito a essa fraternidade ideal, esse amor universal:

"Não penseis que vim trazer paz sobre a terra! Não vim trazer a paz, mas sim, a espada (Mt 10,34).

Jesus já teria previsto as guerras de religião que seriam conduzidas em seu nome? A ruptura entre Roma e Constantinopla? As Cruzadas, "a santa Inquisição", a noite de São Bartolomeu, a Irlanda, etc.? Todas essas páginas sombrias que traíram e mancharam a mensagem evangélica.

Mas vamos em frente, mais do que numa nova ideia, mesmo estando num terreno de memórias que geram tumulto e desconfiança. O novo nos impele para hábitos, modos de pensamento. Incontestavelmente, Jesus perturba o que estava estabelecido, com suas posições radicais, sem compromissos com Roma nem com os rigorosos fariseus.

No ofício da manhã, todo fiel da sinagoga recita um poema litúrgico que contém diferentes atributos divinos e que os sobrepõem de modo surpreendente: "Ele faz novas todas as coisas, Ele é o senhor das guerras". Em outras palavras: o novo gera o conflito, axioma que se verifica em todos os tempos e em todos os lugares. Então Jesus renova sem cessar!

Para resolver o peso perturbador dessas afirmações, alguns comentadores cristãos, encontrados na Internet, resolvem a dificuldade segundo um método midráshico: "*sobre a terra*, Jesus não traz paz alguma, mas *no céu*, para aqueles que o seguem, ele trará a paz".[22] Por acaso, deveríamos abandonar este mundo a sua triste sorte, aos narcotraficantes e aos vendedores de armas? Seria esse o núcleo central da mensagem do Evangelho?

Propomos uma *davar aher*, outra palavra, (coerente com o ensinamento de nosso Rabbi). Essa espada, essa *herev* hebraica, nos remete ao Sinai, a palavra Horeb, aquela da espada da justa justiça de origem divina, que não pode e não deve se confundir com as falsidades do mundo. Repetidamente, a Torá e os Profetas retornam a esse princípio fundador, mais importante do que os ritos. E depois, ninguém tinha esquecido que o dilúvio tinha sido causado pela corrupção e pela violência.

Sem a espada da justiça, então a espada da injustiça triunfará (cf. TB *Sanhedrin* 94b). Desse modo se compreende o seguinte ensinamento: "Pois eu vim trazer a divisão entre o filho e o pai, a filha e a mãe, a nora e a sogra".

A justiça verdadeira permanece cega nos laços familiares, nos círculos de amigos, nos interesses de grupos, essa relação familiar e de clã foi relativizada por Jesus, como nós já vimos. Deus, o Legislador supremo, não aceita subornos, nem presentes que corrompem. Se o filho é virtuoso e o pai corrupto, segundo o profeta Ezequiel (capítulo 18) cada um será julgado segundo sua justiça ou seu vício. Jesus, até o fim permanece fiel à lei do Pai.

---

[22] "Nada há de novo sob o sol". *Sob o sol* nada de novo, mas acima do sol (o mundo espiritual) existe o novo (Midrash sobre o Eclesiastes).

CAPÍTULO IV
A revolução do perdão

> O perdão nos permite começar a aceitar
> e mesmo a amar aqueles que nos feriram.
> É a última etapa da libertação interior.
> (Jean Vanier)

Um pensamento para concluir

*R*evolução: do latim *revolutionem,* (raiz *volv* "rolar" e prefixo *re* indicando um retorno), essa palavra significa a ação de voltar atrás para recomeçar, para (melhor) começar.

Mestre, é difícil para mim perdoar aqueles que me fizeram mal. – Volte amanhã com um saco cheio de pepinos!" No dia seguinte, o mestre pede para que ele escreva sobre cada pepino o nome das pessoas a quem o discípulo não podia perdoar. Enquanto você não os perdoar, você manterá os pepinos no teu saco, e o saco sobre as tuas costas, aconteça o que acontecer". O discípulo guarda então seu saco que ele levava por toda parte. Os pepinos começam a apodrecer, o jovem homem está envolvido por odores que lhe causam náuseas e que afastam as pessoas. Ele compreende a lição do mestre: sem perdão, nossa vida perde o perfume da felicidade, ela nos afasta do nosso próximo. (Sabedoria budista).

Nosso mundo global faz pouco caso sobre a reconciliação pelo perdão. Objetivamente, a agressividade (militar, física, psicológica, etc.), a violência, o espírito de conquista, até mesmo a crueldade predominante. Sobre as telas das televisões os apresentadores amam empurrar os convidados para o confronto. A indiferença e o medo contribuem ainda mais para a expansão da agressividade. A consequência disso? O *Um* desconfia do *Outro*. Senão fosse assim, por que o multiplicar de senhas de muitíssimos imóveis? Por que os manifestantes quebram as lojas, as vitrines, para expressar suas reivindicações? Essa brutalidade generalizada, midiática, filmada, desenvolve ondas negativas em direção a nós mesmos e àqueles que partilham nosso espaço.

Na atmosfera atual da competitividade econômica, aumentada pelo retorno dos radicalismos, alguns consideram o perdão como uma bondade ingênua, um ato de covardia ou uma forma de servidão para a pessoa ofendida que iria nos vingar por causa do nosso abaixamento. Diante de tal espaço psicológico e social, como pensar sobre o perdão?

Perdoar não se inscreve na lógica natural. Em nível individual, constatamos a dificuldade de virar a página de uma discussão no seio de uma família, de um círculo profissional. É difícil oferecer um perdão autêntico. Pois isso obriga a ir além, a fazer-se violência, a ir além do seu *ego*. Esse *ego* aprisionado por uma mente supervalorizada encontrará sempre argumentos para rejeitar a reconciliação. "Ele ofendeu a minha honra meu nome, minha família, meu lugar, como eu o perdoaria?" – argumentação que remonta a Caim.

O rancor, o espírito de vingança, o ódio (cf. Lv 19,18) nos aprisiona e nos leva a repetir o cenário do fratricídio original. Quantos conflitos, além do econômico ou político, encontram a sua raiz na recusa do perdão, deste *não* ao amor, que termina por apodrecer a vida de inimigos tanto quanto de seu vizinho, e mesmo do planeta inteiro. Nós carregamos nossos sacos de pepinos variados, terminando por acreditar que não pode ser de outro jeito.

E ainda assim, poderia ser de outra forma...

As narrativas bíblicas, o ensinamento de Jesus, expressam o contrário desse determinismo de ódio ou de indiferença: o perdão não nos rebaixa, ele nos eleva; ele não nos fecha, ele nos liberta. O autêntico pedido de perdão tanto quanto o perdão concedido traduzem a generosidade (*hessed*), a compaixão matricial (*rahamin*) e o amor (*ahava*) cuja fonte se encontra em Deus, no Ser infinito (YHWH), o Pai misericordioso. O perdão gera o bem-estar (*halva*), alegria (*simha*), harmonia (*tifereth*) e paz interior (*shalom*), trazendo a cura ao mundo inteiro (TB *Yoma* 86a).

Quando ele ou ela na origem do conflito avança humildemente e heroicamente para pedir perdão, o sol da esperança desponta no horizonte. A esperança se tece com o fio da fraternidade. O hebraico conhece dois termos para dizer "fio" e todos os dois expressam um sentido positivo. *Hut*, o masculino de *hita* o "trigo" que alimenta as pessoas, e *tikva* que significa também "esperança", fio de esperança mais que fio de Ariane, que permite costurar aquilo que foi rasgado.

Atravessamos, um pouco mais nossa Bíblia escutando de novo suas lições de vida; escutamos ainda Jesus e seus ensinamentos de sabedoria. Essas narrativas fundadoras nos são oferecidas para repensar nossos laços na coerência do monoteísmo, isto quer dizer, em nome do nosso Único Pai que está nos Céus e que "não quer a morte do pecador, mas que ele mude de conduta e viva" (Ez 18,23).

A narrativa de José nos interpelou particularmente, pois ela condensou nele todos os fracassos e todos os erros das histórias de fraternidade; sempre revelando o eterno humano seja nos seus aspectos escuros quanto nos seus aspectos luminosos quando consegue se elevar do seu narcisismo e dos seus rancores.

Quanto às declarações de Jesus sobre a fraternidade, se elas puderam nos surpreender antes pela sua radicalidade, elas nos ofereceram poder olhar para além da nossa vida familiar, de nosso círculo restrito, para pensar sobre a harmonia entre todas as pessoas. Aqui e ali, o perdão expressa a autêntica libertação de nossa alma divina exilada nas nossas percepções subjetivas do mundo e nossos cálculos mesquinhos. O perdão será revolução interior feita aos poucos (mesmo se esse pouco seja difícil) quando aceitamos de voltar para Deus, de nos jogar em seus braços de amor.

É desta revolução que o mundo sempre teve de mais necessidade, e na nossa época contemporânea mais ainda. Atribui-se a Malraux essa fórmula "o século XXI ou será religioso ou não existirá mais".

No amanhecer de nosso século XXI, onde os ódios, os conflitos e as barbáries continuam a gerar muitas situações de desespero, nós nos voltamos confiantes para o Senhor a fim de que Ele ilumine nossos dirigentes, sempre convencidos de que somente uma política do perdão nos fará progredir em direção a uma humanidade superior e altamente espiritual.

"Desse modo todos saberão que vós sois meus discípulos, se vos amais uns aos outros". Os *Uns* pelos *Outros!* E reciprocamente!....

Nosso escrito se concluiu entre
Hanucá 5778
& Natal 2017
Rabino Philippe Haddad

Publicação

Acesse a loja virtual para adquirir os livros:
https://loja.sion.org.br | www.livrarialoyola.com.br

GROSS, Fernando. *O ciclo de leituras da Torah na Sinagoga*. Prefácio de Elio Passeto. Coleção Judaísmo e Cristianismo, nº 1, segunda edição. São Paulo: Centro Cristão de Estudos Judaicos-CCDEJ-FASI e *Fons Sapientiae*, 2015.

RIBEIRO, Donizete Luiz. *Convidados ao banquete nupcial: Uma leitura de parábolas nos Evangelhos e na Tradição Judaica*. Prefácio do Rabino Uri Lam, CIM. Coleção Judaísmo e Cristianismo, nº 2. São Paulo: Centro Cristão de Estudos Judaicos-CCDEJ-FASI e *Fons Sapientiae*, 2015.

HADDAD, Philippe. *Jesus fala com Israel: Uma leitura judaica de Parábolas de Jesus*. Prefácio do Rabino Ruben Sternschein, C.I.P. Coleção Judaísmo e Cristianismo, nº 3. São Paulo: Centro Cristão de Estudos Judaicos-CCDEJ-FASI e *Fons Sapientiae*, 2015.

RIBEIRO, Donizete Luis; RAMOS, Marivan Soares (orgs.). 2ª edição, *Jubileu de ouro do diálogo católico-judaico: primeiros frutos e novos desafios*. Prefácio do Cônego José Bizon e do Rabino Michel Schlesinger, Coleção Judaísmo e Cristianismo, nº 4. São Paulo: Centro Cristão de Estudos Judaicos-CCDEJ-FASI e *Fons Sapientiae*, 2019.

HADDAD, Philippe. אבינו – *Pai Nosso. Uma leitura judaica da oração de Jesus*. Prefácio do Padre Fernando Gross. Coleção Judaísmo e Cristianismo, nº 5. São Paulo: Centro Cristão de Estudos Judaicos--CCDEJ-FASI e *Fons Sapientiae*, 2017.

MIRANDA, Manoel. *As relações entre judeus e cristãos a partir do evangelho segundo São João*. Prefácio do Pe. Donizete Luiz Ribeiro. Coleção Judaísmo e Cristianismo, nº 6. São Paulo: Centro Cristão de Estudos Judaicos-CCDEJ-FASI e *Fons Sapientiae*, 2018.

AVRIL, Anne e LENHARDT, Pierre. *Introdução à Leitura Judaica da Escritura*. Coleção Judaísmo e Cristianismo, nº 7. Prefácio do Dr. Pe. Boris A. Nef Ulloa. São Paulo: Centro Cristão de Estudos Judaicos-CCDEJ-FASI e *Fons Sapientiae*, 2018.

LENHARDT, Pierre. *A Unidade da Trindade: À escuta da tradição de Israel na Igreja*. Coleção Judaísmo e Cristianismo, nº 8. Prefácio da Drª Maria Freire. São Paulo: Centro Cristão de Estudos Judaicos-CCDEJ-FASI e *Fons Sapientiae*, 2018.

RAMOS, Marivan Soares. *Por trás das Escrituras: Uma introdução à exegese judaica e cristã*. Prefácio do Pe. Manoel Miranda. Coleção Judaísmo e Cristianismo, nº 9. São Paulo: Centro Cristão de Estudos Judaicos-CCDEJ-FASI e *Fons Sapientiae*, 2019.

DE LA MAISONNEUVE, Dominique de La. *Judaísmo Simplesmente*. Coleção Judaísmo e Cristianismo, nº 10. São Paulo: Centro Cristão de Estudos Judaicos-CCDEJ-FASI e *Fons Sapientiae*, 2019.

PASSETO, Elio. *As Sagradas Escrituras explicadas através da genialidade de Rashi*. Coleção Judaísmo e Cristianismo, nº 11. São Paulo: Centro Cristão de Estudos Judaicos-CCDEJ-FASI e *Fons Sapientiae*, 2020.

LENHARDT, Pierre. *À escuta de Israel, na Igreja* - Tomo I. Coleção Judaísmo e Cristianismo, nº 12. Prefácios de Donizete Luiz Ribeiro e Dom Maurice Gardès. São Paulo: Centro Cristão de Estudos Judaicos-CCDEJ-FASI e *Fons Sapientiae*, 2020.

FRIZZO, Antonio Carlos. *A Trilogia social: o estrangeiro, o órfão e a viúva no Deuteronômio e sua recepção na Mishná*. Prefácio de João Décio. Coleção Judaísmo e Cristianismo, n° 13. São Paulo: Centro Cristão de Estudos Judaicos-CCDEJ-FASI e *Fons Sapientiae*, 2020.

LENHARDT, Pierre. *À escuta de Israel, na Igreja - Tomo II*. Prefácios dos Pes. Donizete Luiz Ribeiro e Dom Maurice Gardès Coleção Judaísmo e Cristianismo, n° 14. São Paulo: Centro Cristão de Estudos Judaicos-CCDEJ-FASI e *Fons Sapientiae*, 2020.

LENHARDT, Pierre. *Uma vida cristã à escuta de Israel*. Prefácios dos Pes. Donizete Luiz Ribeiro e Jean Massonnet. Coleção Judaísmo e Cristianismo, n° 15. São Paulo: Centro Cristão de Estudos Judaicos--CCDEJ-FASI e *Fons Sapientiae*, 2020.

MIRANDA, Manoel e RAMOS, Marivan Soares. *O ciclo das festas bíblicas na Escritura e na Tradição judaico-cristãs*. Prefácio da Irmã Anne-Catherine Avril, NDS. Coleção Judaísmo e Cristianismo, n° 16. São Paulo: Centro Cristão de Estudos Judaicos-CCDEJ-FASI e *Fons Sapientiae*, 2020.

A revista do CCDEJ agora está disponível na versão impressa!!!

CADERNOS DE SION

Adquira já a sua com preço promocional na loja da Sion Publicações. Basta posicionar sua câmera no código QR abaixo:

Este livro foi impresso em papel offset 75g, capa triplex 250g.
Edições Fons Sapientiae
é um selo da Distribuidora Loyola de Livros

Rua Lopes Coutinho, 74 - Belenzinho 03054-010 São Paulo - SP
T 55 11 3322 0100 | editorial@FonsSapientiae.com.br
www.FonsSapientiae.com.br